OPERATION
BLUE OCEANS

Solange Menschen verhungern
oder im Krieg sterben,
werde ich friedlich und gewaltlos

RADIKAL REBELLIEREN

Dr. med. Christian Barth

Operation
Blue Oceans

Durch den Kauf des Buchs

ERHEBEN Sie 1.
Ihre Stimme gegen
das politische Fiasko,
die Kriegsmaschinerie,
und die Umweltzerstörung.

UND

SPENDEN Sie 2.
direkt an die „Captain Paul Watson Foundation",
die das tun, was die Politiker verantwortungslos ignorieren.*

Wir sind Menschen,
keine Ware!

Besuchen Sie unsere Homepage

und folgen Sie uns auf Social Media.

Facebook:
operationblueoceans

Instagram:
operationblueoceans

* Spendenquittungen werden nicht ausgestellt

Impressum

Operation Blue Oceans

1. Auflage 2023

Autor

Dr. Christian Barth
Kindergartenstr. 16
86697 Oberhausen

Cover und Buchsatz

Ricardo Biron Consulting GmbH

Lektorat

Ricardo Biron Consulting GmbH

Portrait von Dr. Christian Barth

www.karinheidmeier.de

Social-Media-Betreuung, Umsetzung und Coaching

Look and Feel Agentur
www.lookandfeel-agentur.de
Großmehring

Wichtige Hinweise

Damit keine Unklarheiten entstehen:

Rebellion im Sinne von friedlichem Aufbegehren und Empörung verstehe ich als einen gewaltfreien Widerstand gegen bestehende Autoritäten, unsinnige Normen oder Missstände. Es ist ein Ausdruck des Unmuts und der Ablehnung, der auf friedliche Weise zum Ausdruck gebracht wird. Bei einer Rebellion geht es darum, Missstände anzuprangern und Veränderungen zu fordern, ohne dabei zu Gewalt oder Zerstörung zu greifen.

Radikal im Sinne von konsequent und gründlich, verstehe ich als eine entschlossene und umfassende Herangehensweise. Es bedeutet, eine Sache mit voller Konsequenz und Gründlichkeit zu verfolgen, ohne jedoch gewalttätige Mittel einzusetzen. Eine radikale Vorgehensweise zeichnet sich durch einen starken Einsatz und eine unerschütterliche Entschlossenheit aus, ohne den friedlichen Charakter zu verlieren.

Als Individuum betone ich, dass meine Ansichten, Bewertungen und Empfindungen ausschließlich friedlich sind. Ich verurteile niemanden und erhebe keine Anschuldigungen. Meine Ansichten sind eine Reaktion auf die Ereignisse in meiner Umwelt.

Ich sehe mich nicht als eingepferchtes Huhn, das in Gefangenschaft lebt und geduldig auf die nächste Fütterung wartet und sich obendrein für die hingeworfenen Brocken demütig bedankt. Stattdessen stehe ich zu meinen Überzeugungen und lasse mir nicht vorschreiben, wie und was ich zu denken habe.

Die Äußerung der Meinungsfreiheit

ist im Grundgesetz der BRD im Artikel 5 verankert.

Dort heißt es:

(1) Jeder hat das Recht, seine Meinung in Wort, Schrift und Bild frei zu äußern und zu verbreiten und sich aus allgemein zugänglichen Quellen ungehindert zu unterrichten. Die Pressefreiheit und die Freiheit der Berichterstattung durch Rundfunk und Film werden gewährleistet. Eine Zensur findet nicht statt.

(2) Diese Rechte finden ihre Schranken in den Vorschriften der allgemeinen Gesetze, den gesetzlichen Bestimmungen zum Schutze der Jugend und in dem Recht der persönlichen Ehre.

(3) Kunst und Wissenschaft, Forschung und Lehre sind frei. Die Freiheit der Lehre entbindet nicht von der Treue zur Verfassung.

Zitiert nach:

Verfassung des Freistaates Bayern +
Grundgesetz für die Bundesrepublik Deutschland,

Herausgeber:
Bayerische Landeszentrale für politische
Bildungsarbeit München,
Bearbeitet von Konrad Stollreither,
ab 2009 von Dr. Stefanie Martin
(Stand: 5. November 2015), S.105.

Artikel 5 des Grundgesetzes garantiert also das Recht auf freie Meinungsäußerung in Wort, Schrift und Bild.

Es umfasst auch das Recht auf freie Information aus allgemein zugänglichen Quellen.

Es wird betont, dass keine Zensur stattfinden darf.

Allerdings gibt es gewisse Grenzen für die Meinungsfreiheit, die durch allgemeine Gesetze, den Jugendschutz und das Recht auf persönliche Ehre festgelegt sind. Zusätzlich wird auch die Freiheit von Kunst, Wissenschaft, Forschung und Lehre geschützt, wobei betont wird, dass die Freiheit der Lehre nicht von der Treue zur Verfassung entbindet.

Dieses Buch ist der Ausdruck meiner persönlichen Meinung, Sichtweise und Einschätzung.

Es wurde weder mit Personen noch mit Systemen abgesprochen.

Ich allein trage die Verantwortung für die gesamten Inhalte.

Ich allein trage die Verantwortung meiner eigenen Meinung.

Ich bin zutiefst meinem Gewissen verpflichtet.

Liebe Mitstreiterinnen und Mitstreiter,

der Kauf dieses Buchs ist für mich eine aktive Demonstration gegen Missstände, politisches Fehlverhalten und politisches Versagen. Es ist meine Manifestation der Empörung und ein entschiedener Aufruf zu politischem Wandel.

Entweder müssen Politiker ihr Handeln auf die Bedürfnisse der Wähler ausrichten oder sie müssen für integre, ethisch-moralisch orientierte Vertreter Platz machen. Durch den Einsatz dieses Buchs möchte ich Menschen aufwecken und eine Welle der Empörung gegen willkürliche oder systematische politische Gängelei und Bevormundung entfachen.

Es ist an der Zeit, unser individuelles politisches Bewusstsein zu stärken und die Macht des gemeinschaftlichen Handelns zu verdeutlichen.

Gleichzeitig möchte ich diese Demonstration durch eine umfassende Spendenaktion für die "Captain Paul Watson Foundation" untermauern, um die Empörung und Entschlossenheit eindringlich zu verdeutlichen. Mit jedem verkauften Buch werde ich einen Euro an die "Captain Paul Watson Foundation" spenden. Ich lade jeden einzelnen herzlich dazu ein, mich zu unterstützen und gemeinsam innerhalb eines Jahres eine Million Euro an Spenden für die "Captain Paul Watson Foundation" zu sammeln.

Die "Captain Paul Watson Foundation" ist eine Organisation, die mit konsequenter Entschlossenheit, mutigem Handeln und großem Engagement für den Schutz unserer Meere eintritt. Sie steht dort, wo die Politik und Politiker versagen, wo sie sich zurückziehen und den Interessen der Konzerne nachgeben, wo sie ihre Macht zum persönlichen Vorteil missbrauchen.

Wie auch immer man zu den Aktionen der "Captain Paul Watson Foundation" stehen mag, es steht außer Frage, dass sie keine Kinder hungern lässt und keine Menschen als billiges Kanonenfutter in den Krieg schickt. Sie stehen für das Richtige ein und verteidigen mit Leidenschaft den Schutz unserer Meere und ihrer Bewohner.

Durch unsere gemeinsamen Spendenaktionen für die "Captain Paul Watson Foundation" demonstrieren wir unsere Solidarität und unser Engagement für den Schutz unserer Umwelt sowie unsere Empörung gegen politische Missstände.

Lassen Sie uns beweisen, dass wir nicht untätig zusehen, wie unsere Welt Schaden nimmt. Gemeinsam können wir eine Welle des Wandels schaffen. Mobilisieren wir unsere Kräfte, Ressourcen und unser Engagement, um die "Captain Paul Watson Foundation" zu unterstützen und damit ein starkes Zeichen gegen politische Unzulänglichkeit zu setzen.

Zeigen wir, dass wir die Macht haben, Veränderungen herbeizuführen. Jeder Beitrag, ob groß oder klein, zählt. Teilt diese Botschaft mit anderen, mobilisiert euer Umfeld und zeigt, dass wir gemeinsam eine bessere Welt schaffen können.

Gemeinsam können wir sicherstellen, dass dieses Buch nicht nur Worte auf Papier sind, sondern eine Quelle der Inspiration und des Handelns. Eine Quelle, die uns dazu bringt, aufzustehen und für unsere Überzeugungen einzutreten.

Lassen Sie uns unser Ziel erreichen und eine Million Euro an Spenden für die "Captain Paul Watson Foundation" sammeln. Nicht nur, um ihre Arbeit zu unterstützen, sondern auch, um zu zeigen, dass wir als Gemeinschaft in der Lage sind, Großes zu bewirken.

Lassen Sie uns gemeinsam die Veränderung sein, die wir in der Welt sehen wollen. Setzen wir uns für eine gerechtere und nachhaltigere Zukunft ein.

Schließen Sie sich mir an und lassen Sie uns die Macht des gemeinschaftlichen Handelns demonstrieren!

In Solidarität,

Dr. Christian Barth

Widmung

Ich widme dieses Buch all jenen, die sich mit Leidenschaft und Hingabe für eine bessere Welt einsetzen:

Den Träumern, die daran glauben, dass Veränderung möglich ist,
den Kämpfern, die unbeirrt für Gerechtigkeit eintreten,
den Visionären, die eine nachhaltige und harmonische Zukunft anstreben,
den Aktivisten, die ihre Stimmen erheben, um gehört zu werden,
den Forschern, die nach Wissen streben und neue Lösungen finden,
den Helfern, die anderen Menschen in Not beistehen,
den Umweltschützern, die unsere natürlichen Ressourcen bewahren,
den Lehrenden, die Wissen weitergeben und Bewusstsein schaffen,
den Innovatoren, die bahnbrechende Ideen entwickeln,
den Gemeinschaften, die solidarisch zusammenstehen,
den Menschen, die tagtäglich einen kleinen Beitrag leisten, um unsere Welt lebenswerter zu machen.

Möge dieser Einsatz belohnt werden und dieses Engagement die Welt nachhaltig prägen.

Mit Dankbarkeit und Hoffnung widme ich ihnen allen diese Zeilen.

Gemeinsam können wir eine lebenswerte Zukunft schaffen.

Inhaltsverzeichnis

Realität

Ich schließe mich Noam Chomsky an:

„Die Dringlichkeit der »Gefahr des Untergangs« ist unübersehbar. Sie sollte der konstante Gegenstand von Aufklärungsprogrammen, Organisation und Aktivismus sein und den Hintergrund für unser Engagement in allen anderen Kämpfen bilden. Aber sie kann diese Kämpfe nicht ersetzen, zum einen, weil viele dieser anderen Kämpfe ihrerseits entscheidend wichtig sind, und zum anderen, weil diese grundlegende Gefahr nicht effektiv angegangen werden kann, solange es kein allgemeines Verständnis für ihre Dringlichkeit gibt. Aber ein solches Verständnis setzt eine wesentlich größere Sensibilität gegenüber den weltweit verbreiteten Formen von Leid und Unrecht voraus – ein tieferes Bewusstsein, das zu Aktivismus und Engagement sowie zu tieferen Einsichten in deren Wurzeln und wechselseitige Verbindungen inspirieren kann. Es ist nutzlos, zu mehr Militanz aufzurufen, wenn die Bevölkerung noch nicht dazu bereit ist, und diese Botschaft kann nur durch geduldige Arbeit geschaffen werden.

Das mag frustrierend sein, wenn wir an die nur zu reale Dringlichkeit der existenziellen Gefahren denken. Aber egal, ob das frustrierend ist oder nicht, wir können diese vorbereitenden Stufen nicht überspringen."

Aus: „Rebellion oder Untergang", Westend Verlag 2019, mit freundlicher Genehmigung des Verlages (1)

Mein Ziel

Friedliche Rebellion durch politisches Bewusstsein

demonstriert und realisiert durch eine

Spende von 1 Million Euro an die "Captain Paul Watson Foundation"

Ohne Ihre Unterstützung ist dieses Vorhaben nicht möglich. Deshalb lade ich Sie herzlich ein, an einer inspirierenden und friedlichen Rebellion teilzunehmen, bei der wir gemeinsam unsere politische Sensibilität schärfen und demonstrieren können. Dieses Buch fungiert als Instrument, um unsere Entschlossenheit zu zeigen und unterstützt gleichzeitig die "Captain Paul Watson Foundation".

Für jedes verkaufte Buch fließt direkt 1 Euro an die "Captain Paul Watson Foundation".

Ihre Hilfe ist entscheidend, um diese Spende von 1 Million Euro an die "Captain Paul Watson Foundation" Realität werden zu lassen und um der Welt zu zeigen, dass wir mit Entschlossenheit für den Schutz unserer Meere und den Erhalt ihrer natürlichen Lebensräume eintreten. Ohne Ihre Unterstützung kann diese Vision nicht verwirklicht werden.

Werden Sie Teil dieser friedlichen Rebellion.

Wir setzen gemeinsam ein kraftvolles Zeichen für Veränderung.
Gemeinsam können wir Großes erreichen.
Ihre Unterstützung ist der Schlüssel dazu.

Meine Vision

Meine Vision ist, mit dem Buch *Operation Blue Oceans* zwei Ziele zu erreichen.

Zum einen möchte ich die Wichtigkeit des persönlichen politischen Handelns aufzeigen und zum anderen innerhalb eines Jahres nach Erscheinen des Buchs eine Spende von 1 Million Euro für die „Captain Paul Watson Foundation" generieren.

Diese Vision hat das übergeordnete Ziel, Menschen zu motivieren, die Meere und insbesondere die Wale, letztlich die gesamte Tierwelt zu schützen und somit das Wohl unserer gesamten Umwelt zu fördern.

Operation Blue Oceans hat sich die Aufgabe gestellt, die Leser dazu zu ermutigen, die aktuelle politische Landschaft kritisch zu hinterfragen. Indem die prekäre Situation unserer Ozeane und die daraus resultierende dringende Notwendigkeit des Handelns aufgezeigt wird, möchte ich eine tiefe emotionale Reaktion bei den Lesern hervorrufen. Das Buch soll sie aufrütteln und dazu inspirieren, aktiv zu werden und ihre Stimme für den Schutz der Meere und die Bewahrung der Artenvielfalt zu erheben. Durch diese kollektive Aktion können wir positive Veränderungen in Politik und Gesellschaft bewirken, um eine nachhaltige Zukunft für kommende Generationen zu sichern.

Mit *Operation Blue Oceans* möchte ich eine eindringliche Botschaft vermitteln:

Jeder von uns kann einen Unterschied machen. Handeln wir gemeinsam und setzen uns für den Schutz der Meere und ihrer Bewohner ein, können wir die Zukunft unserer Umwelt positiv beeinflussen. Gemeinsam können wir dazu beitragen, dass die "Captain Paul Watson Foundation" die dringend benötigte finanzielle Unterstützung erhält und ihre wichtige Arbeit fortsetzen kann – letztlich zum Schutz und Erhalt unserer Lebensgrundlage.

Lassen Sie uns gemeinsam die Menschen inspirieren, die Meere zu schützen, die Politik zu hinterfragen und uns für eine nachhaltige Zukunft einzusetzen.

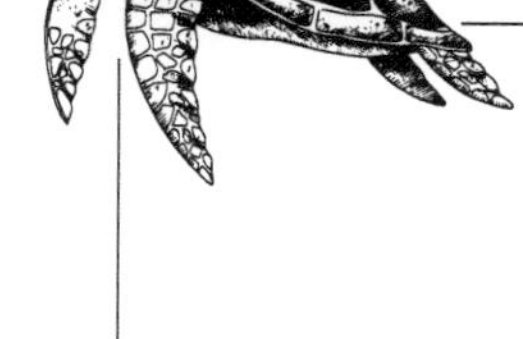

Auf der roten Liste
Vom Aussterben bedroht
wegen Überfischung und Beifang
Echte Karettschildkröte

(Esther Gonstalla, das Ozean Buch, S. 32 ff)

Was ist die „Captain Paul Watson Foundation"?

Die „Captain Paul Watson Foundation" wurde von Paul Watson ins Leben gerufen, einem unermüdlichen Verfechter des Schutzes der Ozeane und des marinen Lebens. Als prominenter Umweltaktivist hat Watson seit den späten 1970er Jahren beachtliche Initiativen ergriffen und Erfolge im Meeresschutz verzeichnet.

Von Anfang an setzte er mutige Aktionen gegen den illegalen Fang von Meeresgiganten und die grausamen Fang- und Tötungspraktiken um. Mit einer engagierten Flotte behinderten sie Jagdoperationen und hoben die unmenschlichen Methoden hervor.

Mit der Zeit erweiterten sie ihre Mission, um auch andere gefährdete Meeresbewohner zu schützen, einschließlich Meeressäugern, Raubfischen und Meeresschildkröten. In ihrem weltweiten Einsatzgebiet gehen sie gegen unsachgemäße Fischereipraktiken vor, beseitigen gefährliche Netze und klären über die wachsende Verschmutzung der Meere auf.

Die Entschlossenheit und der Mut mit denen die Aktivisten agieren, sind beeindruckend. Sie scheuen keine Auseinandersetzung mit Umweltsündern und setzen alles daran, diese zu stoppen. Ihre Schiffe stehen als kraftvolles Symbol gegen Meeresbedrohungen.

Die Stiftung legt ihren Fokus auf Umweltverschmutzung, Klimawandel, Überfischung und illegale Fischerei. Sie setzt sich für Meeresschutzgebiete ein und erforschen die Tiefen der Ozeane. Trotz Widerstand und Kontroversen erhält die Stiftung weltweit Anerkennung für ihre Arbeit und hat nicht nur gegen unsachgemäße Fischereipraktiken gekämpft, sondern auch zur Etablierung von Meeresschutzgebieten beigetragen.

Ihr Engagement ist unerlässlich, da der Zustand der Ozeane eng mit dem Wohlergehen unseres Planeten verknüpft ist. Diese engagierten Aktivisten setzen oft ihr Leben aufs Spiel, um in Not geratenen Tieren zu helfen und das öffentliche Bewusstsein für den Meereserhalt zu schärfen. Trotz begrenzter Mittel und herausfordernder Umstände bleiben sie ihrer Mission treu.

Ihre beeindruckende Geschichte zeugt von Mut, Ausdauer und einem stetigen Einsatz für die Meere. Durch ihre unermüdliche Arbeit und mit der Unterstützung einer globalen Gemeinschaft streben sie danach, die Ökosysteme der Ozeane zu schützen und eine lebenswerte Zukunft für kommende Generationen zu sichern.

Warum die „Captain Paul Watson Foundation"?

Seit meiner Jugend hat mich das Meer in seinen Bann gezogen. Nach meiner Schulausbildung entschied ich mich, eine Ausbildung bei der Handelsmarine zu beginnen. Auf meinen Reisen wurde ich von der Vielfalt der Ozeane und den unterschiedlichen Ländern, die ich bereiste, fasziniert.

An einem Samstagnachmittag, mitten auf dem Atlantischen Ozean, erlebte ich eine außergewöhnliche Begegnung. Ich saß mit einem Teil der Crew im Mannschaftsraum, und wir sahen uns einen alten Film an. Plötzlich wurden wir von einem Matrosen aufgefordert, sofort an Deck zu kommen. Neugierig folgten wir seiner Aufforderung.

Was sich vor uns abspielte, war atemberaubend. Fünf ausgewachsene Wale durchbrachen mit beeindruckender Eleganz die Wasseroberfläche. Kraftvoll bliesen sie ihre Fontänen in den Himmel und tauchten wie im Bilderbuch mit ihren Flunken ab.

Dieses Erlebnis hat mich tief berührt und mir die Kostbarkeit unserer Meere und ihrer Bewohner vor Augen geführt. Seitdem trage ich diese Erinnerung wie einen Schatz in mir und fühle mich verpflichtet, mich für ihren Schutz einzusetzen.

Das Meer hat mich geprägt und meine Verbundenheit mit diesem faszinierenden Ökosystem geweckt. Es liegt in unserer Verantwortung, es zu bewahren und den kommenden Generationen die Möglichkeit zu bieten, ähnliche Wunder der Natur zu erleben. Deshalb ist es an der Zeit, aktiv zu werden und unsere Stimmen zu erheben.

Lassen Sie uns gemeinsam an einer inspirierenden und friedlichen Rebellion teilnehmen.

Durch die Stärkung unseres politischen Bewusstseins können wir ein Zeichen setzen und den Schutz unserer Meere vorantreiben.

Ich benötige Ihre Unterstützung, um dieses Vorhaben zu realisieren. Gemeinsam können wir den Zauber und die Schönheit der Ozeane bewahren und gleichzeitig unsere Lebensgrundlage retten und erhalten. Nehmen Sie teil an dieser friedlichen Rebellion und tragen Sie dazu bei, dass zukünftige Generationen die Faszination und den Reichtum unserer Meere erleben können.

Auf der roten Liste
Vom Aussterben bedroht
wegen Überfischung und Beifang
Südlicher Blauflossen-Thunfisch

(Esther Gonstalla, das Ozean Buch, S. 32 ff)

Perspektiven

Unsere Welt sieht sich einer langen Liste von Herausforderungen gegenüber. Ein entscheidender Schritt, um den Wahnsinn des globalen Selbstmordes zu stoppen, ist das weltweite Verbot von Nuklearwaffen.Es ist unabdingbar, der sinnlosen Ausrottung von Fauna und Flora Einhalt zu gebieten und effektive Maßnahmen zur Beseitigung von Plastikabfällen aus den Meeren zu ergreifen. Rasches Handeln bei Ölkatastrophen ist notwendig, um Meerestiere und Vögel zu retten und die Umwelt vor langfristigen Schäden zu schützen. Unsere Pflicht ist es, die bereits von der Menschheit verursachten Schäden zu mindern, die jetzt schon den Erhalt der biologischen Vielfalt gefährden. Unserer Verantwortung obliegt es, den essenziellen Grundbedürfnissen unseres Lebens auf diesem Planeten nachzukommen.

Diese Aufgaben bzw. unumgänglichen Maßnahmen stehen auf der Agenda der „Captain Paul Watson Foundation". Die Aktionen und Kampagnen sind unerlässlich, um unsere gegenwärtige Situation zu retten. Dieses Anliegen bezieht sich nicht nur auf das kurzfristige Jetzt, sondern nimmt auch unsere Kinder und deren Nachkommen in den Blick. Paul Watson forumiert es folgendermaßen:

„Uns ist sogar noch mehr daran gelegen, auf die Zukunft hinzuweisen. Darauf, wie wichtig und zwingend an der Zeit es ist, den ökologischen Irrsinn der Menschheit zu stoppen, bevor der Punkt erreicht ist, an dem es kein Zurück mehr gibt." (2)

Paul Watson:
https://www.youtube.com/watch?v=kcQkXcx9Jv4

Meine Motivation

In Anbetracht der komplexen und vielfältigen Herausforderungen, mit denen unsere Welt konfrontiert ist, wird es immer dringlicher, sich für ihre Erhaltung einzusetzen. Unsere Handlungen und Entscheidungen haben direkte Auswirkungen auf die individuellen, sozialen, politischen und ökologischen Bedürfnisse, die das Fundament unseres Lebens bilden. Es ist unumgänglich, dass wir uns bewusst werden, wie unsere Handlungen den Zustand unseres Planeten beeinflussen und dass wir unsere Verantwortung erkennen, ihn zu schützen.

Die individuellen Bedürfnisse beziehen sich auf unser eigenes Wohlbefinden und Glück. Wenn wir uns für die Erhaltung der Welt einsetzen, tragen wir zu einer gesünderen und nachhaltigeren Umwelt bei, die es uns ermöglicht, ein erfülltes Leben zu führen. Das bedeutet, dass wir in einer sauberen und gesunden Umwelt leben können, Zugang zu sauberem Wasser und frischer Luft haben und von der Schönheit und Vielfalt der Natur umgeben sind. Dies trägt zu unserem Wohlbefinden bei und schafft die Voraussetzungen für persönliches Wachstum und Erfüllung.

Auf sozialer Ebene bedeutet die Erhaltung unserer Welt, dass wir gerechte und inklusive Gesellschaften schaffen. Setzen wir uns für eine nachhaltige Entwicklung ein, bekämpfen wir soziale Ungerechtigkeiten, fördern den Zugang zu Bildung, Gesundheitsversorgung und grundlegenden Ressourcen für alle Menschen. Eine intakte Umwelt bietet die Grundlage für ein funktionierendes soziales Gefüge und fördert das Zusammenleben in Harmonie und Solidarität.

Politisch gesehen bedeutet die Erhaltung unserer Welt, dass wir verantwortungsbewusste Bürgerinnen und Bürger sind, die sich für eine nachhaltige und gerechte Politik einsetzen. Wir müssen unsere Stimmen erheben, um politische Entscheidungsträger zur

Rechenschaft zu ziehen und den Schutz der Umwelt in Gesetze und Politiken einzubinden. Durch politisches Engagement können wir Veränderungen herbeiführen und sicherstellen, dass Entscheidungen im Einklang mit den langfristigen Interessen der Gesellschaft und der Umwelt stehen.

Schließlich haben die ökologischen Bedürfnisse direkte Auswirkungen auf unser Überleben und das aller zukünftigen Generationen. Die Erhaltung unserer Welt ist entscheidend, um die Auswirkungen des Klimawandels zu begrenzen, die Artenvielfalt zu schützen und die natürlichen Ressourcen nachhaltig zu nutzen. Nehmen wir nachhaltige Praktiken an, erneuerbare Energien fördern und unsere Konsumgewohnheiten überdenken, können wir dazu beitragen, die negativen Auswirkungen auf die Umwelt zu verringern und eine lebenswerte Welt für kommende Generationen zu hinterlassen.

Es ist an der Zeit, dass wir uns gemeinsam für die Erhaltung unserer Welt einsetzen. Jeder einzelne von uns kann einen Unterschied machen, sei es durch bewusstes Handeln im Alltag, aktive Teilnahme an Gemeinschaftsprojekten oder politisches Engagement. Indem wir uns für die Erhaltung unserer Welt einsetzen, sichern wir nicht nur unsere eigenen Lebensgrundlagen, sondern schaffen auch eine lebenswerte Zukunft für alle Menschen und für die wunderbare Vielfalt des Lebens, die unseren Planeten ausmacht.

Träumen darf erlaubt sein

Mein Traum

Die Weltbevölkerung ist in den letzten Jahrzehnten stark angestiegen und erreicht derzeit schätzungsweise etwa 8 Milliarden Menschen. Diese Zahl unterliegt einem ständigen Wandel, da täglich neue Menschen geboren werden und andere versterben.

In Deutschland leben nach Schätzungen rund 83 Millionen Menschen. Diese Zahl berücksichtigt die Geburtenrate, Sterblichkeitsrate und die Migration von Menschen in das Land. Es ist interessant zu sehen, wie sich die Bevölkerungszahl im Laufe der Zeit verändert hat und wie sie sich auch in Zukunft weiterentwickeln wird. Verschiedene Faktoren wie die Wirtschaftslage, politische Entscheidungen und soziale Veränderungen können einen Einfluss auf die Bevölkerungszahlen haben.

Nun stellt sich die Frage, wie viele deutschsprachige Menschen es auf der Welt gibt. Die deutsche Sprache ist weit verbreitet und wird nicht nur in Deutschland, sondern auch in Österreich, der Schweiz und anderen Ländern gesprochen. Darüber hinaus gibt es eine große Anzahl von Menschen, die Deutsch als Fremdsprache erlernen.

Wir können davon ausgehen, dass über 130 Millionen Menschen Deutsch als Muttersprache oder als Fremdsprache beherrschen. Es bleibt anzumerken, dass dies nur eine Schätzung ist und dass die tatsächliche Anzahl von deutschsprachigen Menschen auf der Welt höher oder niedriger sein kann. Nehmen wir an, 100 Millionen Menschen sprechen Deutsch.

Wenn dann nur ein Prozent dieser Menschen – das wären 1 Million – das Buch Operation Blue Oceans kauft und sich dadurch an unserer Aktion beteiligen würde, könnte dies einen erheblichen Einfluss haben. Es liegt in unserer Hand, ob diese Aktion erfolgreich sein wird oder nicht. Jeder Einzelne kann einen Beitrag leisten und sich engagieren, um das gewünschte Ziel zu erreichen.

Die Beteiligung von uns Menschen ist der Dreh- und Angelpunkt, um Veränderungen herbeizuführen und positive Auswirkungen zu erzielen. Es liegt an uns allen, diese Gelegenheit zu ergreifen und gemeinsam etwas zu bewirken. Es mag eine Herausforderung sein, aber der potenzielle Nutzen und die positiven Auswirkungen auf die Gesellschaft sind es wert, sich dafür einzusetzen.

Lassen Sie uns zusammenarbeiten und diese Gelegenheit nutzen. Es liegt an uns, die Welt zu einem besseren Ort zu machen. Ihr Engagement und Ihre Hilfe sind von unschätzbarem Wert. Lassen Sie uns gemeinsam die Veränderung sein, die wir in der Welt sehen möchten.

Das Ziel hinter dem Traum

Weltweit gibt es eine enorm hohe Anzahl von Menschen, die Englisch (1,35 Milliarden), Spanisch (460 Millionen) oder Portugiesisch (215 Millionen) sprechen. Wenn auch nur ein Bruchteil von Ihnen das Buch Operation Blue Oceans in der entsprechenden Übersetzung erwerben würde, eröffnet sich uns ein unglaubliches Potenzial, unseren Planeten zu schützen.

Diese Situation bietet eine außergewöhnlich positive Chance, Barrieren zu überwinden und Verbindungen zwischen verschiedenen Kulturen und Nationen herzustellen – zum Wohl und Frieden aller.

Lassen Sie uns diese Gelegenheit mit Begeisterung ergreifen und gemeinsam eine bessere Welt schaffen.

Lassen Sie uns daher gemeinsam eine neue Zukunft einleiten. Unser konkretes Ziel besteht darin, eine Million Euro oder sogar noch mehr für die „Captain Paul Watson Foundation" zu spenden und somit ein deutliches politisches Zeichen für Veränderung zu setzen.

Lassen Sie uns zusammenarbeiten, um eine bedeutungsvolle politische Botschaft zu senden und die aktuellen Zustände für uns und kommende Generationen zu verbessern. Gemeinsam können wir demonstrieren, dass wir uns für den Schutz unserer Ozeane und den Erhalt unserer Umwelt einsetzen, um eine lebenswerte Welt zu hinterlassen.

Jeder einzelne von uns kann einen Unterschied bewirken. Lassen Sie uns unsere Kräfte bündeln und Großes erreichen.

Lassen Sie uns jetzt handeln und mit vereinten Kräften die Welt positiv verändern!

Die Zeit ist gekommen, unsere Stimmen zu erheben und aktiv zu werden.

Wir müssen unsere Verantwortung erkennen und gemeinsam eine nachhaltigere Zukunft aufbauen.

Lassen Sie uns jetzt die Initiative ergreifen und einen positiven Wandel herbeiführen.

Seien Sie Teil dieser Initiative und machen Sie Ihre Stimme lautstark hörbar.

Gemeinsam können wir die Welt zum Besseren verändern!

Die Welt wartet auf uns!

Es ist an der Zeit!

In Kürze erscheint das Buch auch in einer englischen, spanischen, portugiesischen und französischen Ausgabe

Fakten

Warum kompliziert, wenn es auch einfach geht?

Warum kompliziert, wenn es auch einfach geht?
Die Verkomplizierung von Tatsachen kann schwerwiegende negative Folgen haben. Ein klarer Blick auf die Fakten ist daher von entscheidender Bedeutung.

Wenn Tatsachen unnötig verkompliziert werden, entsteht Verwirrung und Desinformation. Menschen haben Schwierigkeiten, relevante Informationen zu verstehen und basierend darauf fundierte Entscheidungen zu treffen. Dies führt zu einer erhöhten Verbreitung von Desinformation, da es einfacher ist, falsche oder irreführende Informationen zu verbreiten, wenn die tatsächlichen Fakten verworren sind.

Darüber hinaus kann das Verkomplizieren von Tatsachen als Manipulationstaktik verwendet werden, um die öffentliche Meinung zu beeinflussen. Durch die Präsentation komplexer Informationen können bestimmte Interessengruppen versuchen, ihre eigene Agenda voranzutreiben oder politische Entscheidungen in ihrem Sinne zu beeinflussen.

Ein weiteres bedeutsames Problem ist der Verlust des Vertrauens. Wenn Tatsachen verkompliziert oder verzerrt werden, führt dies zu einem Vertrauensverlust in Institutionen, Experten und Medien. Menschen verlieren das Vertrauen in Informationsquellen und das politische System insgesamt, wenn sie das Gefühl haben, dass Ihnen die Wahrheit vorenthalten wird oder dass die Fakten absichtlich verfälscht werden.

Die schädlichen Auswirkungen des Verkomplizierens von Tatsachen erstrecken sich auch auf den demokratischen Diskurs. Ein gesunder demokratischer Diskurs erfordert ein gemeinsames Verständnis von Tatsachen.

Wenn jedoch Tatsachen verkompliziert oder manipuliert werden, wird es schwieriger, einen konstruktiven Dialog zu führen und gemeinsame Lösungen zu finden. Die Gesellschaft spaltet sich und die Polarisierung nimmt zu.

Des Weiteren beeinträchtigt die Verkomplizierung von Tatsachen die Problemlösungsfähigkeit. Wenn komplexe Probleme nicht klar verstanden werden, wird es schwieriger, angemessene Lösungen zu finden und umzusetzen. Dies hat zur Folge, dass wichtige Herausforderungen nicht angemessen angegangen werden.

Tatsachen müssen klar und verständlich präsentiert werden. Dies fördert eine informierte öffentliche Debatte und ermöglicht fundierte Entscheidungen. Eine offene und transparente Kommunikation von Fakten ist entscheidend, um das Vertrauen in die Gesellschaft zu stärken und eine solide Grundlage für den demokratischen Diskurs und die Problemlösung zu gewährleisten.

Warum also die Dinge komplizieren, wenn es auch einfach geht? Ein klares Verständnis der Fakten ist der erste Schritt zur Verbesserung unserer Gesellschaft und zur Bewältigung der Herausforderungen, denen wir gegenüberstehen.

Können alle Menschen mit ausreichend Nahrungsmitteln versorgt werden?

JA!

Trotz der erschreckenden Realität, dass rund 690 Millionen Menschen weltweit von Hunger und Unterernährung betroffen sind, ist es wichtig zu erkennen, dass auf der Welt ausreichend Ressourcen vorhanden sind, um jedem Menschen Nahrung und ein Leben frei von Elend zu ermöglichen. Das Problem liegt nicht nur in der Verfügbarkeit finanzieller Mittel, sondern auch in ihrer gerechten Verteilung und effizienten Nutzung.

Hunger und Armut sind komplexe Probleme, die durch verschiedene Faktoren verursacht werden, darunter unzureichender Zugang zu Ressourcen, soziale Ungleichheit, politische Instabilität, bewaffnete Konflikte und Umweltzerstörung. Daher erfordert die Bekämpfung von Hunger und Armut nicht nur finanzielle Investitionen, sondern auch langfristige Strategien zur Bewältigung dieser strukturellen Herausforderungen.

Entscheidend ist, dass Regierungen, internationale Organisationen, philanthropische Stiftungen und Unternehmen zusammenarbeiten, um finanzielle Ressourcen bereitzustellen und Maßnahmen zur Bekämpfung von Hunger und Armut umzusetzen. Initiativen wie die Ziele für nachhaltige Entwicklung der Vereinten Nationen zeigen bereits den Weg, indem sie den Zugang zu Nahrung, Bildung, Gesundheitsversorgung und anderen grundlegenden Bedürfnissen verbessern.

Es ist wichtig zu betonen, dass die Bereitstellung finanzieller Ressourcen allein nicht ausreicht, um nachhaltige Veränderungen zu bewirken. Es müssen langfristige Lösungen entwickelt werden, die die strukturellen Ursachen von Hunger und Armut angehen und die Fähigkeiten und Ressourcen der betroffenen Gemeinschaften stärken. Nur durch eine ganzheitliche und nachhaltige Entwicklung können wir ein besseres Leben für alle erreichen. Die Zeit ist gekommen, dass wir als globale Gemeinschaft zusammenkommen und diese dringende Herausforderung angehen. Indem wir finanzielle Ressourcen, politische Entschlossenheit und langfristige Strategien kombinieren, können wir den Teufelskreis von Hunger und Armut durchbrechen und eine gerechtere und nachhaltigere Welt für alle schaffen.

Die Zeit des Hungers ist vorbei, und es liegt in unserer Verantwortung, eine Zukunft ohne Hunger zu schaffen.

Warum verhungern dann Babys, Kinder, Männer und Frauen?

Antwort:

Politische Ohnmacht und politisches Versagen!

Wollen wir Menschen Krieg?

Nein!

Leider sind Konflikte und Kriege auf der Welt allgegenwärtig. Es scheint, dass der Frieden für einige Regionen ein utopischer Traum ist. Syrien, Jemen, Afghanistan, Irak, Libyen und die Ukraine sind nur einige der Orte, an denen der Klang der Bomben und das Leid der Menschen alltäglich sind. Es ist an der Zeit, dass die internationale Gemeinschaft aufhört, bloß zuzuschauen, und stattdessen aktiv daran arbeitet, Frieden und Stabilität in diesen verwüsteten Ländern zu fördern.

Es ist bedauerlich, dass es auf der Welt so viele Länder gibt, in denen die Menschen unterdrückt und ihre grundlegenden Freiheiten missachtet werden. Nordkorea, China, Saudi-Arabien, Iran und Belarus sind nur einige Beispiele für Staaten, in denen die Rechte und Freiheiten der Menschen mit Füßen getreten werden.

Es ist an der Zeit, dass wir uns von unserer Gleichgültigkeit befreien und uns für die universellen Rechte und Freiheiten aller Menschen einsetzen. Es ist an der Zeit, dass wir eine Stimme für Gerechtigkeit und Freiheit erheben und uns für eine Welt einsetzen, in der Unterdrückung keinen Platz mehr hat.

Rassendiskriminierung ist ein hässliches Gesicht, das überall auf der Welt zu sehen ist. Menschen werden aufgrund ihrer Rasse oder ethnischen Zugehörigkeit diskriminiert und benachteiligt.

Die USA, Südafrika, Brasilien, Indien und Australien sind nur einige der Länder, in denen der Schatten des Rassismus tief verwurzelt ist.

Es ist an der Zeit, dass wir uns der Realität stellen und aktiv gegen Rassismus und Diskriminierung in all ihren Formen kämpfen.

Es ist an der Zeit, dass wir uns für die Gleichstellung aller Menschen einsetzen, unabhängig von ihrer Hautfarbe, Herkunft oder Kultur. Es ist an der Zeit, dass wir eine Welt schaffen, in der jeder Mensch mit Respekt und Würde behandelt wird.

Warum metzeln wir uns noch gegenseitig nieder?

Antwort:

Politische Ohnmacht und politisches Versagen!

Gibt es ausreichend finanzielle Mittel, um Menschen aus Hunger und Elend herauszuführen?

Ja!

Es ist absurd, dass wir genug finanzielle Ressourcen haben, um die Welt von Hunger und Elend zu befreien, aber dennoch Milliarden für Kriege und Waffen verschwenden. Wir leben in einer Welt, in der der Reichtum einiger Länder und Unternehmen unvorstellbar ist, während Millionen von Menschen jeden Tag hungern.

Es ist an der Zeit, dass wir unsere Prioritäten überdenken und unser Geld für humanitäre Zwecke einsetzen, anstatt es für zerstörerische und sinnlose Konflikte zu verschwenden.

Hunger und Armut sind keine unüberwindbaren Hindernisse. Sie werden durch verschiedene Faktoren verursacht, die wir angehen können. Doch anstatt unsere finanziellen Ressourcen gerecht zu verteilen und effizient zu nutzen, lassen wir sie in den Tiefen der politischen Bürokratie und der korrupten Systeme versickern. Es ist an der Zeit, dass Regierungen, internationale Organisationen und Unternehmen ihre Verantwortung erkennen und gemeinsam daran arbeiten, die strukturellen Ursachen von Hunger und Armut zu bekämpfen.

Es reicht nicht aus, Geld in Programme zur Bekämpfung von Hunger und Armut zu stecken. Wir müssen politische Willensbildung, gute Regierungsführung und Bildung fördern. Wir müssen uns für soziale Gerechtigkeit einsetzen und Maßnahmen ergreifen, um die lokalen Gemeinschaften zu stärken. Doch anstatt in diese langfristigen Lösungen zu investieren, werfen wir unser Geld lieber in den endlosen Kreislauf von Krieg und Zerstörung.

Es ist an der Zeit, dass wir die dringend benötigte Veränderung herbeiführen. Es ist an der Zeit, dass wir unsere Ressourcen effizient und gerecht nutzen, um Hunger und Armut zu bekämpfen.

Es ist an der Zeit, dass wir aufhören, unser Geld in Krieg und Zerstörung zu stecken und stattdessen in den Aufbau einer gerechteren und nachhaltigeren Welt zu investieren. Die Frage ist: Warum geben wir ein Vielfaches für Krieg und Waffen aus, wenn wir die Möglichkeit haben, das Leid von Millionen von Menschen zu beenden? Es liegt an uns, eine Antwort zu finden und endlich zu handeln.

Warum leben Menschen immer noch in unwürdigen Behausungen und krepieren durch Unterernährung?

Antwort:

Politische Ohnmacht und politisches Versagen!

Ist in unserer zivilisierten Welt ein Overkill zu rechtfertigen?

Nein!

Die erschreckende Realität der nuklearen Bedrohung wurde bereits vor Jahrzehnten deutlich aufgezeigt. Uta Ranke-Heinemann brachte es eindrucksvoll auf den Punkt, als sie die Frage stellte, woher man die 100 Milliarden Menschen nehmen würde, die durch die zerstörerische Sprengkraft von Atomwaffen vernichtet werden könnten. Es ist nicht so, dass es an Waffen mangelt – im Gegenteil, es reicht nicht einmal mehr aus, die potenziellen Opfer mit Atomwaffen zu vernichten. Die Schere zwischen aktivem und passivem Vernichtungspotenzial klafft immer weiter auseinander, wie Ranke-Heinemann unerbittlich betonte.

Selbst heute, in einer vermeintlich modernen Welt, halten die Vereinigten Staaten von Amerika und Russland an der Overkill-Strategie fest. Das bedeutet, dass sie über ausreichend Nuklearwaffen verfügen wollen, um jedes erdenkliche Ziel zu treffen – sei es eine feindliche Raketenstellung oder ein anderes strategisches Ziel. Dadurch soll möglicher Schwund durch gegnerische Abwehrmaßnahmen oder die Zerstörung eigener Basen kompensiert werden, damit am Ende mindestens ein Sprengkopf das Ziel erreicht und zerstört.

Die Vorstellung einer völligen Vernichtung der Erde durch menschengemachte Waffen ist eine beispiellose, katastrophale Möglichkeit, die niemals eintreten darf.

Die Anzahl und Vielfalt der existierenden Waffen und Waffensysteme verdeutlichen das immense Potenzial für Zerstörung und Leid.

Die heutigen Atomarsenale weltweit umfassen tausende solcher Waffen.

Der Einsatz mehrerer Atomwaffen würde zu verheerenden Folgen führen, darunter verstrahlte Gebiete, langfristige gesundheitliche Schäden und eine enorme Anzahl von Opfern.

Außerdem existieren andere tödliche Waffenarten, wie Biowaffen, die biologische Krankheitserreger verwenden, um gezielte und tödliche Epidemien auszulösen. Die potenziellen Auswirkungen von Biowaffen sind beängstigend, da sie sich schnell verbreiten und große Bevölkerungsgruppen gefährden können. Ein Ausbruch einer hochansteckenden Krankheit durch den Einsatz von Biowaffen hätte katastrophale Folgen für die Gesundheit und das Wohlergehen der betroffenen Menschen.

Neben physischen Waffen haben auch Cyberwaffen ein enormes Destruktionspotenzial. Durch gezielte Angriffe auf kritische Infrastrukturen wie Energieversorgungssysteme, Kommunikationsnetzwerke oder Regierungseinrichtungen könnten Cyberwaffen erheblichen Schaden anrichten und das soziale Gefüge destabilisieren. Diese Art von Angriffen kann weitreichende Auswirkungen haben und ganze Gesellschaften lahmlegen.

Angesichts dieser vielfältigen und gefährlichen Waffensysteme ist es von größter Bedeutung, dass die internationale Gemeinschaft Maßnahmen ergreift, um durch konsequente Abrüstung eine waffenfreie Welt zu schaffen. Der Frieden und das Überleben der Menschheit erfordern gemeinsame Anstrengungen, um die Existenz und den Einsatz dieser zerstörerischen Waffen zu begrenzen und letztendlich zu beseitigen.

Statt uns in einem Wettrüsten zu verlieren, sollten wir uns auf friedliche Lösungen von Konflikten konzentrieren und die Zusammenarbeit sowie das Verständnis zwischen den Nationen fördern. Nur so können wir eine bessere Zukunft für alle schaffen – eine Zukunft, in der die Vernichtung der Menschheit durch Waffen nur noch eine düstere Erinnerung aus der Vergangenheit ist.

Warum können wir unsere Welt mehrfach durch Nuklearwaffen vernichten?

Antwort:

Politische Ohnmacht und politisches Versagen!

Greta von Thunberg

„Der erste Schritt zur Bewältigung einer Krise ist nicht, die Lage umfassend zu bewerten oder Sofortmaßnahmen zu ergreifen. Das kommt später... Wir sind uns nicht bewusst, dass wir uns in einer Klimanotlage befinden... Das Hauptproblem ist, dass wir uns nicht darüber im Klaren sind, dass wir uns dessen nicht bewusst sind." (3)

Die Aktionen und Argumentationen von Greta von Thunberg werden in der Öffentlichkeit kontrovers diskutiert. Eines ist jedoch wichtig und von entscheidender Bedeutung: Die Tatsache, dass sie zu einem unüberhörbaren Ruf für Klimagerechtigkeit geworden ist. Ihr einfacher Akt des Schulstreiks hat eine globale Resonanz gefunden und die Fridays-for-Future-Bewegung ins Leben gerufen, die Schüler in aller Welt zu wöchentlichen Demonstrationen motiviert. Mit Plakaten, die so einfach wie ihre Botschaft sind – „Skolstrejk för klimatet" – hat sie eine Sprache der Aktion geschaffen, die über kulturelle und sprachliche Grenzen hinweg verstanden wird.

Ihr Engagement ist nicht nur auf öffentliche Reden beschränkt. Thunberg ist auch ein lebendiges Beispiel für umweltbewusstes Verhalten. Ihr transatlantischer Segeltörn war ein praktisches Statement gegen die Flugindustrie, ein Symbol für den klimaschädlichen Lebensstil, den sie anprangert. Sie ist eine seltene Stimme, die nicht nur redet, sondern auch konsequent handelt.

In den Foren der Welt, von den Vereinten Nationen bis zum Weltwirtschaftsforum in Davos, spricht sie Wahrheiten aus, die oft unbequem sind, aber dringend gehört werden müssen. Ihre Rede vor den Vereinten Nationen, in der sie die Führer der Welt mit den Worten „How dare you?" konfrontierte, hat Geschichte geschrieben. Sie zeigt, dass Jugendliche nicht nur das Recht haben, gehört zu werden, sondern dass sie auch die Dringlichkeit und die Moralität besitzen, die oft in der Politik vermisst wird.

Über ihre Plattformen ruft Thunberg zu kühnen Aktionen auf, wie zum Beispiel zu globalen Klimastreiks und zum Rückzug von Investitionen aus fossilen Brennstoffen. Ihre Kampagnen haben Unternehmen und Regierungen dazu gebracht, ihre Klimapolitik zu überdenken und haben zu einer wachsenden Divestment-Bewegung geführt. Ihre Forderungen nach Klimagerechtigkeit umfassen auch die Anerkennung und Unterstützung für die am stärksten vom Klimawandel betroffenen Gemeinschaften.

Durch ihre Kommunikation auf sozialen Medien hat Thunberg ein Netzwerk geschaffen, das Aktivisten und interessierte Bürger verbindet. Sie gibt wissenschaftlichen Fakten eine Stimme und stellt sicher, dass die neuesten Forschungsergebnisse zum Klimawandel nicht unbemerkt bleiben. Ihre klare Botschaft – dass wir in einer Klimakrise leben und jetzt handeln müssen – bleibt beständig und unerschütterlich.

Mit ihrer Fähigkeit, Emotionen zu wecken und gleichzeitig praktische Lösungen anzubieten, hat sich Greta Thunberg als eine der einflussreichsten Persönlichkeiten im Bereich des Umweltschutzes etabliert. Ihre unerschrockene Haltung und ihre Fähigkeit, junge Menschen zu mobilisieren, zeigen, dass der Ruf nach Veränderung nicht an Alter oder Erfahrung gebunden ist. Sie verkörpert die Hoffnung einer Generation, die eine lebenswerte Zukunft nicht nur fordert, sondern auch aktiv daran arbeitet, sie zu gestalten.

Politische Situation und politische Verantwortung

Grundsätzliche Statements zum politischen Versagen

Politikversagen bedeutet, dass politische Institutionen und Entscheidungsträger unfähig oder unwillig sind, angemessene Lösungen für politische Probleme zu finden und umzusetzen. Es gibt verschiedene Arten von politischem Versagen, die verschiedene Bereiche der politischen Führung und Regierung betreffen können:

Ein Mangel an Problemlösungsfähigkeit tritt auf, wenn politische Akteure nicht in der Lage sind, effektive Strategien und Lösungen für dringende Probleme zu entwickeln. Dies kann auf unzureichende Analysen, mangelndes Fachwissen, politische Blockaden oder Interessenkonflikte zurückzuführen sein.

Korruption und Missmanagement führen zu ineffizienter und ungerechter Ressourcenverteilung. Korruption untergräbt das Vertrauen der Bürger in die Regierung und kann zu erheblichen Verlusten öffentlicher Ressourcen führen.

Ein Mangel an Rechenschaftspflicht und Klarheit tritt auf, wenn politische Entscheidungsträger nicht transparent handeln und keine angemessene Verantwortung gegenüber den Bürgern und der Gesellschaft übernehmen. Das führt möglicherweise zu geringer Glaubwürdigkeit und Legitimität der Regierung.

Selbst wenn politische Maßnahmen und Entscheidungen getroffen werden, kann politisches Versagen auftreten, wenn diese nicht effektiv umgesetzt werden. Dies kann aus unzureichenden Ressourcen, schlechtem Management oder mangelndem politischen Willen resultieren.

Politikversagen kann auch auftreten, wenn politische Entscheidungsträger die Interessen und Bedürfnisse der Bevölkerung nicht angemessen berücksichtigen oder ihnen nicht gerecht werden. Daraus können soziale Unzufriedenheit, Konflikte und Unruhen entstehen.

Politikversagen hat schwerwiegende Konsequenzen, sowohl auf politischer als auch auf sozioökonomischer Ebene. Es untergräbt das Vertrauen der Bevölkerung in politische Institutionen, verstärkt soziale Ungleichheit, verursacht wirtschaftliche Stagnation und beeinträchtigt die Lebensqualität der Menschen. Daher ist es wichtig, politische Führung, Transparenz, Rechenschaftspflicht und Effektivität zu fördern, um politisches Versagen zu vermeiden und eine gute Regierungsführung zu gewährleisten.

Politische Verantwortung

Politische Verantwortung, ein Begriff, der oft in den Mund genommen wird, doch wie oft sehen wir politische Entscheidungsträger tatsächlich ihrer Verantwortung gerecht werden? Die Verantwortung, die sie gegenüber der Gesellschaft und den Bürgern tragen, scheint oft vergessen oder beiseitegeschoben zu werden.

Rechenschaftspflicht? Transparenz? Fehlanzeige! Statt eindeutige Erklärungen und gerechtfertigte Handlungen zu liefern, werden wir mit Ausflüchten und Verschleierungen abgespeist. Die Politiker scheinen zu vergessen, dass sie den Bürgern dienen sollten, nicht umgekehrt.

Das Gemeinwohl? Nur ein leeres Schlagwort, wenn man bedenkt, wie oft politische Entscheidungen den Interessen von wenigen dienen und das Leben der Menschen negativ beeinflussen. Wo bleibt die Verantwortung, das Wohl der Gesellschaft zu fördern und das Leben der Menschen tatsächlich zu verbessern?

Ethik und Integrität? Ein Fremdwort für manche Politiker, die sich lieber in Korruption und Machtspiele verstricken. Anstatt als Vorbilder für moralisches Handeln zu agieren, nutzen sie ihre Positionen für persönliche Bereicherung und Eigeninteressen.

Die Interessenvertretung der Bürger? Eher eine Farce. Die Stimmen und Anliegen der Menschen werden oft ignoriert oder mit leeren Versprechungen abgetan. Die Politiker scheinen vergessen zu haben, dass sie gewählt wurden, um die Interessen ihrer Wähler zu vertreten, nicht, um sie zu ignorieren.

Und was ist mit der langfristigen Perspektive? Statt vorausschauend zu handeln und die langfristige Nachhaltigkeit im Blick zu haben, verfolgen viele Politiker nur kurzfristige Ziele, die ihre eigene Macht und Wiederwahl sichern sollen.

Die Zukunft der Gesellschaft wird dabei leichtfertig aufs Spiel gesetzt. Es ist an der Zeit, dass politische Verantwortung nicht nur ein Lippenbekenntnis bleibt, sondern tatsächlich umgesetzt wird. Politiker müssen sich bewusst machen, dass sie den Bürgern dienen und deren Interessen vertreten sollen. Die Bürger selbst haben die Aufgabe, wachsam zu sein, informiert zu bleiben und politische Verantwortung einzufordern.

Nur so können wir eine effektive Regierungsführung gewährleisten und das Vertrauen in die Politik wiederherstellen.

Aus meiner tiefen persönlichen politischen Verantwortung heraus habe ich mich entschieden, diese Buch- und Spendenaktion zu initiieren. Ich bin mir bewusst, dass der Erfolg dieses Unterfangens noch ungewiss ist. Doch selbst wenn es am Ende nicht vollständig gelingen sollte, möchte ich mir niemals den Vorwurf machen, es nicht wenigstens versucht zu haben. Denn für mich bedeutet politische Verantwortung, mein Wissen und meine Stimme zu nutzen, um positive Veränderungen in meiner persönlichen Welt und der globalen Situation herbeizuführen.

Ich glaube fest daran, dass jeder einzelne von uns die Fähigkeit besitzt, in seinem Umfeld etwas zu bewirken und positive Veränderungen herbeizuführen. Es mag entmutigend sein, angesichts der enormen Herausforderungen, denen wir gegenüberstehen. Doch ich weigere mich, passiv zu bleiben oder die Augen vor der Realität zu verschließen. Stattdessen bin ich bereit, meine Komfortzone zu verlassen und aktiv zu handeln. Ich bin entschlossen, die Initiative zu ergreifen und Verantwortung zu übernehmen.

Ich bin mir bewusst, dass der Weg vor uns steinig sein kann. Die Größe der Aufgabe mag überwältigend erscheinen. Aber ich lasse mich nicht von der Angst lähmen. Ich glaube daran, dass jeder einzelne Schritt, den wir unternehmen, um positiven Wandel zu bewirken, von Bedeutung ist.

Ob es darum geht, bewusste Konsumentscheidungen zu treffen, uns für politische Veränderungen einzusetzen oder lokale Gemeinschaftsprojekte zu unterstützen – jeder Beitrag zählt und macht einen Unterschied. Wichtig ist, dass wir uns bewusst machen, dass wir nicht allein sind. Wir sind Teil einer globalen Gemeinschaft von Menschen, die sich ebenfalls für eine bessere Welt einsetzen. Indem wir uns zusammenschließen, können wir eine mächtige Kraft des Wandels werden. Gemeinsam können wir politische Entscheidungsträger dazu drängen, die dringenden Probleme anzugehen, die unsere Welt bedrohen. Gemeinsam können wir Druck auf Unternehmen ausüben, um verantwortungsvollere Praktiken zu fördern. Gemeinsam können wir uns für eine nachhaltige, gerechte und friedlichere Zukunft einsetzen.

Ich weigere mich, passiv zu bleiben.
Ich werde aktiv, um unsere Welt zum Besseren zu verändern. Ich nehme meine persönlichen und politischen Verantwortungen ernst und setze mich leidenschaftlich für eine gerechtere, nachhaltigere und friedlichere Welt ein.

Ich glaube fest daran, dass jeder von uns die Macht besitzt, einen Unterschied zu machen – und ich bin bereit, diese Macht zu nutzen.

Aufgrund der zunehmenden CO_2-Emissionen verwandeln wir Menschen das Klima auf unserem Planeten in noch nie dagewesener Weise.

Der Ozean der Zukunft
wird wärmer und saurer sein,
mit verheerenden Auswirkungen auf
Korallenriffe und die gesamte
marine Nahrungskette und Artenvielfalt.

Die Zeit der Verhandlungen ist vorbei.

Die Zeit der Handlungen
ist längst überfällig.

Prof. Dr. Axel Timmermann,
Universitiy of Hawaii,
Honolulu, USA

Wir sind die Gestalter unserer Zukunft

Es ist an der Zeit, dass wir als Bürger die immense Bedeutung unserer Rolle bei der Gestaltung unserer politischen Landschaft erkennen. Es mag verlockend sein, Politikern die volle Verantwortung für die Probleme unserer Gesellschaft zuzuschreiben, aber wir dürfen nicht vergessen, dass sie letztendlich von uns gewählt werden. Geben wir ihnen unsere Stimme, legitimieren wir ihre Positionen und ermächtigen sie, Entscheidungen in unserem Namen zu treffen.

Es gibt Situationen, in denen Politiker ihre Versprechen nicht einhalten oder fragwürdige Entscheidungen treffen. In solchen Momenten ist es absolut richtig und wichtig, sie zur Rechenschaft zu ziehen und ihre Handlungen zu hinterfragen. Doch sollten wir uns auch selbst fragen, ob wir unsere eigene Rolle als aktive Bürger erfüllen. Haben wir uns ausreichend informiert, bevor wir unsere Wahlentscheidung getroffen haben? Haben wir uns aktiv an politischen Diskussionen beteiligt und unsere Meinung kundgetan? Haben wir uns für unsere Anliegen und Werte eingesetzt?

Als Bürger tragen wir die Verantwortung, Politiker zu beeinflussen. Wir haben das Recht, unsere Stimme zu erheben, unsere Meinungen zu äußern und uns für Veränderungen stark zu machen. Das bedeutet nicht nur, unsere Unzufriedenheit auszudrücken, sondern auch konstruktive Lösungen anzubieten und uns aktiv in politische Prozesse einzubringen. Durch unsere Teilnahme an Wahlen, Bürgerinitiativen, Petitionen und dem Dialog mit politischen Entscheidungsträgern können wir den politischen Raum mitgestalten und unseren Einfluss geltend machen.

Es ist von entscheidender Bedeutung zu verstehen, dass Politiker in gewisser Weise von uns abhängig sind, um erfolgreich zu sein. Wenn wir als Bürger uns gemeinsam für Veränderungen einsetzen und unsere Erwartungen an die Politik klar kommunizieren, erhöhen wir die Wahrscheinlichkeit, dass unsere Anliegen ernst genommen und umgesetzt werden. Politiker müssen sich auf ihre Wähler stützen, um in ihren Positionen zu bleiben, und sie sind daher eher geneigt, auf die Bedürfnisse und Wünsche der Bevölkerung einzugehen, wenn diese laut und deutlich artikuliert werden.

Nicht immer ist es einfach, politische Veränderungen herbeizuführen, und es gibt viele strukturelle Hindernisse, die überwunden werden müssen. Doch anstatt die Verantwortung ausschließlich den Politikern zuzuschieben, sollten wir uns als Bürger bewusst machen, dass wir einen erheblichen Einfluss auf die Gestaltung unserer Gesellschaft haben. Indem wir uns engagieren, informiert bleiben und unsere Stimme erheben, können wir einen positiven Wandel bewirken und dazu beitragen, dass unsere politischen Entscheidungsträger uns, den Bürgern, gegenüber verantwortlich bleiben.

Wir müssen uns als Bürger unserer Verantwortung bewusst werden und die politische Gestaltung unserer Gesellschaft aktiv vorantreiben. Unsere Stimme und unser Handeln können einen wirklichen Unterschied machen. Es ist an der Zeit, dass wir unser Recht auf Wahlbeteiligung nutzen und unsere Stimme erheben, um die Richtung der Politik zu bestimmen. Jede einzelne Wahlbeteiligung ist ein Akt des Engagements und ein Schritt in Richtung einer gerechteren Gesellschaft.

Wir sollten uns aktiv über politische Angelegenheiten informieren und unsere Entscheidungen auf fundierten Meinungen basierend treffen. Lassen wir uns nicht von oberflächlichen Informationen täuschen, sondern suchen wir nach Fakten und ermutigen wir andere dazu, dasselbe zu tun. Bildung ist der Schlüssel zur Veränderung, und je besser wir informiert sind, desto effektiver können wir politische Veränderungen herbeiführen.

Es sind die Menschen vor Ort, die das Rückgrat einer Gesellschaft bilden. Engagieren wir uns in unserer Gemeinschaft, zeigen wir, dass wir Verantwortung übernehmen und bereit sind, positive Veränderungen herbeizuführen. Gemeinsam können wir Lösungen finden und unsere Stimmen vereinen, um das Wohl aller zu fördern.

Der Austausch von Ideen ist der Nährboden für Innovation und Fortschritt. Nehmen wir uns die Zeit, um zuzuhören und unsere Meinungen in respektvollem Dialog zu äußern. Durch offene Diskussionen können wir Brücken bauen, unterschiedliche Perspektiven verstehen und gemeinsam nach Lösungen suchen.

Wir haben das Recht und die Pflicht, unsere politischen Entscheidungsträger zur Rechenschaft zu ziehen. Überwachen wir ihre Handlungen, fordern wir Transparenz und setzen uns für eine verantwortungsvolle Regierung ein. Wenn wir unsere Stimme erheben, senden wir ein starkes Signal aus: Die Bürger haben eine Stimme und sie werden gehört.

Lassen Sie uns gemeinsam die politische Verantwortung übernehmen und den Mut aufbringen, positive Veränderungen zu bewirken. Denn jeder von uns hat die Fähigkeit, die Zukunft mitzugestalten und unsere Gesellschaft zu einem besseren Ort für alle zu machen. Lasst uns diese Verantwortung gemeinsam tragen und unsere Stimmen erheben, um eine gerechtere, nachhaltigere und prosperierende Welt zu schaffen.

Auf der roten Liste
Vom Aussterben bedroht
wegen Überfischung und Beifang
Sachalin taimen

(Esther Gonstalla, das Ozean Buch, S. 32 ff)

Stéphane Hessel

Empörung gegen Ohnmacht und Gleichgültigkeit

Angesichts der undurchsichtigen und komplexen Machtstrukturen unserer Welt verweigert mein Gewissen die Gleichgültigkeit. Im Geiste Stéphane Hessels stellt ein „Ohne mich" keine Option dar, und ich schließe mich seinem mahnenden Appell an:

„Das Schlimmste ist die Gleichgültigkeit"

Die Gründe, sich zu empören, sind heutzutage oft nicht so klar auszumachen – die Welt ist zu komplex geworden. Wer befiehlt, wer entscheidet? Es ist nicht immer leicht, zwischen all den Einflüssen zu unterscheiden, denen wir ausgesetzt sind. Wir haben es nicht mehr nur mit einer kleinen Oberschicht zu tun, deren Tun und Treiben wir ohne weiteres verstehen. Die Welt ist groß, wir spüren die Interdependenzen, leben in Kreuz- und Querverbindungen wie noch nie. Um wahrzunehmen, dass es in dieser Welt auch unerträglich zugeht, muss man genau hinsehen, muss man suchen. Ich sage den Jungen: Wenn ihr sucht, werdet ihr finden. »Ohne mich« ist das Schlimmste, was man sich und der Welt antun kann. Den »Ohne mich«-Typen ist eines der absolut konstitutiven Merkmale des Menschen abhanden gekommen: die Fähigkeit zur Empörung und damit zum Engagement.

Zwei große neue Menschheitsaufgaben sind für jedermann erkennbar:

1. Die weit geöffnete und noch immer weiter sich öffnende Schere zwischen ganz arm und ganz reich. [...]

2. Die Menschenrechte und der Zustand unseres Planeten." (4)

Stéphane Hessel (1917-2013) war eine faszinierende Persönlichkeit, die durch ihr vielfältiges Engagement und ihre inspirierende Lebensgeschichte bekannt wurde. Als Überlebender des Holocausts und ehemaliger Gefangener in Konzentrationslagern hatte Hessel eine tiefgreifende Erfahrung mit Grausamkeit und Unrecht gemacht, was ihn zu einem leidenschaftlichen Verfechter der Menschenrechte formte.

Nach dem Zweiten Weltkrieg trat Hessel in den französischen diplomatischen Dienst ein und spielte eine bedeutende Rolle bei der Ausarbeitung der Allgemeinen Erklärung der Menschenrechte der Vereinten Nationen im Jahr 1948. Sein Beitrag zu diesem grundlegenden internationalen Rechtsdokument, das die Rechte und Würde aller Menschen festlegt, ist von großer Bedeutung und zeigt sein Engagement für eine gerechtere Welt. Im Jahr 2010 veröffentlichte Hessel sein Buch „Empört Euch!" (Indignez-vous!), das zu einem außergewöhnlichen Phänomen wurde. Das schmale Werk, das als politisches Manifest betrachtet wird, rief die Menschen dazu auf, ihre Stimme gegen Ungerechtigkeiten zu erheben und sich aktiv für ihre Überzeugungen einzusetzen. Das Buch inspirierte Millionen von Menschen weltweit, sich in politischen und sozialen Angelegenheiten zu engagieren und für positive Veränderungen einzutreten.

Stéphane Hessel setzte sich zeitlebens für verschiedene Anliegen ein. Er kämpfte leidenschaftlich für die Rechte von Flüchtlingen, setzte sich für den Frieden im Nahen Osten ein und war ein Verfechter der sozialen Gerechtigkeit. Seine Stimme wurde zu einem Symbol für Mut, Zivilcourage und Widerstand gegen Unterdrückung und Ungerechtigkeit.

Hessels Vermächtnis und sein inspirierendes Engagement werden weiterhin Menschen auf der ganzen Welt beeinflussen.

Er ermutigte dazu, aktiv zu werden, Missstände anzugehen und für eine bessere Gesellschaft einzustehen. Stéphane Hessel wird als eine herausragende Persönlichkeit des 20. Jahrhunderts in Erinnerung bleiben, die durch ihre Taten und Worte das Potenzial jedes Einzelnen hervorhob, einen positiven Wandel in der Welt herbeizuführen.

Stéphane Hessel:
https://youtu.be/yALDdekxEu4

Auf der roten Liste
Vom Aussterben bedroht
wegen Überfischung und Beifang
Warsaw Grouper

(Esther Gonstalla, das Ozean Buch, S. 32 ff)

Persönliche politische Verantwortung

Jetzt ist Ihre Zeit zu handeln! Übernehmen Sie Ihre persönliche politische Verantwortung und setzen Sie Ihre Überzeugungen in die Tat um. Lassen Sie sich nicht von der Masse abschrecken, sondern seien Sie mutig und engagiert. Hier sind einige Schritte, die Sie unternehmen können:

Bildung und Bewusstsein:

Befreien Sie sich von der Ignoranz und informieren Sie sich über politische Themen. Seien Sie kritisch und hinterfragen Sie Informationen, um sich eine fundierte Meinung zu bilden. Handeln Sie nicht aus Unwissenheit, sondern aus Wissen heraus.

Engagement und Aktivismus:

Stehen Sie auf und kämpfen Sie für das, woran Sie glauben! Schließen Sie sich Gleichgesinnten an, um eine starke Stimme zu bilden. Lassen Sie Ihre Leidenschaft und Ihre Überzeugungen für positive Veränderungen sprechen.

Verantwortungsvoller Konsum:

Ihr Geld ist Ihre Macht. Kaufen Sie bewusst ein und unterstützen Sie Unternehmen, die Ihre Werte teilen. Zeigen Sie durch Ihr Kaufverhalten, dass Sie nicht bereit sind, Kompromisse einzugehen und ungerechte Praktiken zu tolerieren.

Lokale Gemeinschaft: Verbinden Sie sich mit Ihrer Gemeinschaft und seien Sie ein aktiver Teil von ihr. Ihre Stimme ist am lautesten auf lokaler Ebene. Nutzen Sie diese Chance, um Ihre Ideen und Anliegen zu teilen und positive Veränderungen in Ihrem direkten Umfeld herbeizuführen.
Dialog und Empathie:

Kommunizieren Sie mit anderen, auch wenn Sie unterschiedliche Meinungen haben. Suchen Sie nach Gemeinsamkeiten und seien Sie offen für neue Perspektiven. Nur durch einen respektvollen Dialog können wir Vorurteile abbauen und zu Lösungen gelangen.

Teilnahme an Wahlen:

Ihre Stimme ist Ihre stärkste Waffe. Geben Sie sie ab und wählen Sie politische Vertreter, die Ihre Werte und Interessen vertreten. Lassen Sie sich nicht von Apathie oder Frustration entmutigen. Die Wahlurne ist der Ort, an dem Sie Ihre Macht ausüben können.

Es ist an der Zeit aufzustehen und Verantwortung zu übernehmen. Seien Sie ein Vorbild für andere und zeigen Sie, dass politische Verantwortung nicht nur eine Pflicht, sondern auch eine Chance ist. Sie haben die Fähigkeit, die Welt um Sie herum zu gestalten. Setzen Sie Ihre persönliche politische Verantwortung in die Tat um und machen Sie einen positiven Unterschied!

Das Problem fehlender politischer Alternativen

Analyse

Das Problem fehlender politischer Alternativen ist ein zentrales Thema in unseren politischen Systemen. Hier werden Politiker oft nur dann erfolgreich, wenn sie den vorherrschenden Ansichten und Meinungen der Parteiführung entsprechen. Dadurch werden alternative Perspektiven und innovative Ideen unterdrückt, was zu einem Mangel an politischer Vielfalt führt.

Die einseitige politische Landschaft hat vielfältige Folgen. Bevölkerungsgruppen und ihre Interessen werden nicht angemessen repräsentiert, da nur bestimmte Meinungen und Ansichten berücksichtigt werden. Dadurch entsteht eine Verzerrung der politischen Entscheidungsprozesse und es fehlt an einer breiten Palette politischer Lösungsansätze.

Darüber hinaus führt die einseitige politische Landschaft zu einem Verlust an Innovation und Fortschritt, da alternative Ideen und Lösungsansätze unterdrückt werden. Dies kann zu Stagnation führen und den Raum für kreative Lösungen einschränken.

Eine fatale Konsequenz ist der Verlust des Vertrauens der Bürgerinnen und Bürger in das politische System. Wenn sie den Eindruck haben, dass politische Entscheidungen vorwiegend von einer einseitigen politischen Elite getroffen werden, kann dies zu Zynismus und Frustration führen. Dadurch kann die Wahlbeteiligung sinken und es entsteht politische Apathie.

Um das Problem fehlender politischer Alternativen anzugehen, ist es unumgänglich, den politischen Raum für unterschiedliche Meinungen und Ideen zu öffnen. Politiker sollten ermutigt werden, mutig und unabhängig zu denken, ohne Angst vor Ausgrenzung zu haben. Es ist wichtig, politische Systeme zu schaffen, die eine breite politische Vielfalt unterstützen und den Zugang zu politischen Ämtern für alle ermöglichen.

Eine aktive Beteiligung der Bürgerinnen und Bürger ist von fundamentaler Bedeutung, um die politische Landschaft zu verändern.

Wir müssen unsere Stimme erheben, unsere Meinungen äußern und uns politisch engagieren, nur so können wir den Raum für Vielfalt und Innovation erweitern. Politische Bildung und ein offener Dialog zwischen Bürgern und Politikern können ebenfalls dazu beitragen, die einseitige politische Landschaft zu überwinden und eine lebendige Demokratie zu fördern.

Die rückläufige Wahlbeteiligung ist ein weiteres Problem, das in vielen Ländern zu beobachten ist. Eine geringere Beteiligung bedeutet weniger Vielfalt und eine geringere Repräsentation der Bevölkerung. Dies kann zu einer Unterrepräsentation bestimmter Gruppen führen, wie zum Beispiel Frauen in politischen Ämtern.

Deutschland:
Die Wahlbeteiligung bei den Bundestagswahlen 2021:
76,6 Prozent, knapp ein Viertel nicht vertreten

Frankreich:
Die Wahlbeteiligung bei den Präsidentschaftswahlen 2022:
43 Prozent

USA:
Die Wahlbeteiligung bei den Präsidentschaftswahlen 2021:
66,3 Prozent

Brasilien:
Die Wahlbeteiligung der Präsidentschaftswahlen 2022:
79,05 Prozent

Die Ursachen für diese Probleme sind vielfältig. Etablierte Parteien tragen oft zur Begrenzung politischer Alternativen bei, indem sie den Zugang zu politischer Teilhabe für neue politische Akteure erschweren. Wahlgesetze und -regeln können ebenfalls den Eintritt neuer Parteien und politischer Bewegungen erschweren. Der Einfluss von Geld und Lobbyismus in der Politik ist ein weiterer Aspekt, der politische Alternativen behindern kann.

Um die Herausforderungen fehlender politischer Alternativen anzugehen, gibt es verschiedene Ansätze:

Förderung politischer Vielfalt:

Es müssen politische Systeme geschaffen werden, die eine breite Palette von Meinungen und Ideen zulassen und unterstützen. Dies kann durch Reformen des Wahlrechts, wie beispielsweise eine proportionale Vertretung, erreicht werden. Es sollten Anreize geschaffen werden, um neue politische Akteure und Parteien zu fördern und den Zugang zu politischer Teilhabe zu erleichtern.

Stärkung der politischen Bildung:

Eine informierte Bürgerschaft ist entscheidend für eine vielfältige politische Landschaft. Eine umfassende politische Bildung in Schulen und öffentlichen Institutionen kann dazu beitragen, das politische Bewusstsein zu stärken und den Menschen die Fähigkeiten zu vermitteln, kritisch zu denken und verschiedene Standpunkte zu verstehen.

Transparenz und Bekämpfung von Korruption:

Um den Einfluss von Geld und Lobbyismus in der Politik einzudämmen, ist es wichtig, Transparenz- und Offenlegungsvorschriften einzuführen. Politische Finanzierung sollte transparent sein, um Interessenkonflikte zu vermeiden und die Gleichheit politischer Chancen zu gewährleisten.

Förderung des bürgerschaftlichen Engagements:

Eine aktive Beteiligung der Bürgerinnen und Bürger ist entscheidend, um politische Veränderungen herbeizuführen. Durch politisches Engagement, wie beispielsweise die Gründung von Bürgerinitiativen oder die Teilnahme an öffentlichen Konsultationsprozessen, können Bürgerinnen und Bürger ihre Stimme erheben und alternative Perspektiven einbringen.

Förderung eines offenen Dialogs:

Politikerinnen und Politiker sollten den Dialog mit der Bevölkerung suchen und auf ihre Anliegen und Ideen eingehen. Der Aufbau von Brücken zwischen politischen Entscheidungsträgern und der Öffentlichkeit kann dazu beitragen, das Vertrauen in das politische System wiederherzustellen und den Raum für alternative Ansätze zu erweitern.

Diese Maßnahmen tragen dazu bei, die einseitige politische Landschaft zu überwinden und politische Alternativen zu fördern. Es erfordert jedoch einen breiten gesellschaftlichen Konsens und die Zusammenarbeit von politischen Akteuren, der Zivilgesellschaft und der Bevölkerung insgesamt, um nachhaltige Veränderungen zu erreichen.

Wir sind der Staat! Nicht Politiker oder wirtschaftliche Systeme

Es ist an der Zeit, die Realität anzuerkennen: Der Staat sind wir. Der Staat besteht nicht nur aus Politikern, Bürokratie oder Gesetzen, sondern vor allem aus den Menschen, die in ihm leben. Wir sind es, die Entscheidungen treffen, Weichen stellen und die Zukunft formen. Wir sind diejenigen, die den Staat prägen und bestimmen, wie er funktioniert.

In einer Demokratie haben wir das Privileg der Teilhabe. Wir haben die Macht, politische Vertreter zu wählen, unsere Stimme zu erheben und an politischen Prozessen teilzunehmen. Doch allzu oft vergessen wir diese Macht. Wir lassen uns von politischer Apathie und Gleichgültigkeit überwältigen.

Dabei sollten wir uns bewusst sein, dass unsere Stimmen, Entscheidungen und Beteiligung den Kurs des Staates bestimmen.

Der Zusammenhalt in unserer Gesellschaft ist von entscheidender Bedeutung. Wir bilden die Gemeinschaften, die sich organisieren und die sich gegenseitig unterstützen. Der soziale Zusammenhalt bildet das Fundament, auf dem der Staat steht. Ohne unseren Zusammenhalt, ohne unsere Kooperation und Solidarität würde der Staat zerfallen.

Wir haben Rechte und Pflichten gegenüber dem Staat und der Gesellschaft. Wir haben das Recht auf freie Meinungsäußerung, politische Beteiligung und auf die Gestaltung unserer eigenen Zukunft. Doch diese Rechte gehen Hand in Hand mit Verantwortung. Es ist unsere Pflicht, die Gesetze zu respektieren, unsere Mitmenschen zu unterstützen und uns für die Erhaltung unserer Umwelt einzusetzen.

Die Zivilgesellschaft ist eine treibende Kraft im Staatswesen. Nichtregierungsorganisationen, Vereine, soziale Bewegungen und engagierte Einzelpersonen treiben den Wandel voran. Durch ihr Engagement bringen sie wichtige Themen auf die politische Agenda und fordern Veränderungen.

Wir sollten uns ihrem Beispiel anschließen und unsere Stimme erheben, wenn wir Ungerechtigkeiten sehen oder wenn wir für eine bessere Zukunft eintreten möchten.

Wir tragen Verantwortung und haben das Recht auf Mitbestimmung. Jeder einzelne von uns kann einen Unterschied machen. Indem wir uns aktiv engagieren, politische Entscheidungen hinterfragen und unsere Stimme erheben, gestalten wir den Staat mit. Es liegt an uns, Verantwortung zu übernehmen und positive Veränderungen herbeizuführen.

Wir müssen begreifen, dass wir der Kern des Staates sind. Wir formen und gestalten den Staat durch unsere Werte, Entscheidungen, Handlungen und Zusammenarbeit. Wir haben die Macht, den Staat zu einem Instrument des Gemeinwohls zu machen. Doch dafür müssen wir aktiv werden, unsere Stimme erheben und uns für eine gerechtere, nachhaltigere und menschenwürdige Gesellschaft einsetzen.

Die Verantwortung liegt bei uns.
Lassen Sie uns diese Verantwortung annehmen und den Staat zu dem machen, was er sein sollte: Ein Instrument, das uns dient, das unser Wohl und das Wohl kommender Generationen im Blick hat. Es liegt an uns, den Staat zu einem Ort der Gerechtigkeit, des Fortschritts und der Chancengleichheit zu machen. Die Zeit des Wartens ist vorbei.

Jetzt ist die Zeit zum Handeln gekommen. Gemeinsam können wir den Staat zu dem machen, was er sein sollte – ein Ort, an dem wir uns alle wiederfinden und stolz sagen können:

„Der Staat, das sind wir!"

Es ist an der Zeit!

BLUE OCEANS

Vertreten Politiker die Interessen der Bürgerinnen und Bürger?

Die Frage nach der tatsächlichen Vertretung der Bürgerinteressen durch den Staat oder die Politiker ist von komplexer Natur und lässt sich nicht einfach mit einer einzigen Methode oder einem einzelnen Indikator beantworten. Es erfordert eine eingehende Analyse und eine kritische Betrachtung verschiedener Faktoren. Um diese Frage zu untersuchen, sollten wir verschiedene Ansätze und Indikatoren berücksichtigen.

In einem ersten Schritt ist es wichtig, den Wahlprozess und die politische Partizipation zu analysieren.

Ein transparenter, fairer und inklusiver Wahlprozess durch unkomplizierte Wahlregeln, unabhängige Wahlkommissionen, Wahlbeobachter, Förderung der Wahlbeteiligung und Offenlegung der Finanzierung auf der Basis einer Förderung der politischen Bildung können darauf hindeuten, dass die Interessen der Bürgerinnen und Bürger ernst genommen werden.

Gleichzeitig spielt die politische Agenda eine bedeutende Rolle. Eine politische Agenda, die die Themen und Probleme der Bevölkerung berücksichtigt und konkrete Maßnahmen ergreift, um ihre Bedürfnisse zu erfüllen, deutet auf eine tatsächliche Vertretung der Bürgerinteressen hin.

Transparenz und Rechenschaftspflicht sind ebenfalls wichtige Aspekte. Die Nachvollziehbarkeit politischer Entscheidungen und der Zugang zu relevanten Informationen sind entscheidend, um zu beurteilen, ob die Interessen der Bürgerinnen und Bürger respektiert werden. Das Vorhandensein unabhängiger Institutionen und Medien, die die Handlungen der Regierung überwachen und auf mögliche Interessenkonflikte oder Korruption hinweisen, trägt zur Stärkung der Vertretung der Bürgerinteressen bei.

Der Dialog und die Bürgerbeteiligung sind weitere Indikatoren für die tatsächliche Vertretung der Bürgerinteressen. Eine Regierung oder politische Entscheidungsträger, die aktiv den Dialog mit den Bürgern suchen, deren Meinungen und Bedenken berücksichtigen und Bürgerbefragungen sowie öffentliche Konsultationen durchführen, zeigen ein Interesse an der Einbeziehung der Bürgerinnen und Bürger in den politischen Prozess.

Letztendlich müssen die tatsächlichen Ergebnisse und Auswirkungen der politischen Entscheidungen betrachtet werden. Werden Maßnahmen ergriffen, um soziale Gerechtigkeit, Bildung, Gesundheitsversorgung, Umweltschutz und andere wichtige Bereiche zu verbessern? Stimmen die politischen Entscheidungen mit den Bedürfnissen und Forderungen der Bürgerinnen und Bürger überein? Die Analyse der konkreten Ergebnisse kann Aufschluss darüber geben, ob die Interessen der Bevölkerung effektiv vertreten werden.

Die Bewertung der Vertretung der Bürgerinteressen ist ein fortlaufender Prozess und von vielen Faktoren abhängig. Eine aktive Beteiligung der Bürgerinnen und Bürger, eine kritische Haltung gegenüber politischen Entscheidungen sowie eine kontinuierliche Überwachung der politischen Prozesse sind entscheidend, um sicherzustellen, dass die Vertretung der Bürgerinteressen gewährleistet wird. Es sollte nicht genügen, oberflächliche Antworten hinzunehmen, sondern wir sollten eine tiefgreifende Analyse fordern, um eine ehrliche Bewertung der Vertretung der Bürgerinteressen zu ermöglichen.

Carola Rackete

Persönliches Engagement

Carola Rackete ist eine deutsche Kapitänin und Umweltaktivistin, die vor allem durch ihre Arbeit im Mittelmeer bekannt wurde. Im Juni 2019 geriet sie in die internationalen Schlagzeilen, als sie als Kapitänin der Sea-Watch 3 rund 40 aus Seenot gerettete Migranten an Bord hatte und entgegen den Anweisungen der italienischen Regierung in den Hafen von Lampedusa einlief, um ihnen sicheres Land zu bieten. Rackete, die für ihre mutigen humanitären Aktionen sowohl gefeiert als auch kritisiert wurde, steht exemplarisch für das Spannungsfeld zwischen staatlicher Politik und individueller Verantwortung in der Flüchtlingskrise. Neben ihrer Tätigkeit auf dem Meer ist Rackete auch für ihr Engagement in Umwelt- und Klimaschutzfragen bekannt. Sie setzt sich für den Erhalt der Artenvielfalt und die Bekämpfung der globalen Erwärmung ein und ist in verschiedenen Projekten und Organisationen aktiv, die diese Ziele verfolgen.

Ihrer Aussage zur Bewältigung der Missstände – „Es ist eine nie da gewesene Herausforderung, für die wir den Einsatz aller demokratisch denkenden Menschen brauchen." (5) – schließe ich mich voll und ganz an und habe dem nichts hinzuzufügen.

Carola Rackete:
https://youtu.be/RLZ56rnQyZU

Zwei-Klassen-Gesellschaft – meine persönlichen Gedanken

In unserer heutigen Gesellschaft lässt sich eine unübersehbare Hierarchie zwischen den Bürgern und den Politikern erkennen. Sie nehmen dabei eine privilegierte und elitäre Position ein, die sie über die Bürgerinnen und Bürger erhebt und ihnen weitreichende Machtbefugnisse gewährt. Als Entscheidungsträger bestimmen sie die Regeln und Gesetze, während die Bürger unter ihrer Herrschaft leben und sich den getroffenen Entscheidungen fügen müssen. Diese klare Zweiteilung der Gesellschaft führt zu einer wachsenden Kluft zwischen jenen, die über Privilegien und Einfluss verfügen, und denjenigen, die unmittelbar von den politischen Entscheidungen betroffen sind, ohne jedoch wirklich an deren Gestaltung teilhaben zu können.

Wir dürfen uns nicht scheuen, diese Ungleichheit zu erkennen und infrage zu stellen. Es liegt an uns als Gesellschaft, nach einem gerechteren System zu streben, das auf der Gleichheit aller Bürger basiert und ihre Stimmen und Bedürfnisse angemessen berücksichtigt. Dies erfordert einen offenen Dialog, eine Stärkung der Partizipation der Bürger und eine aktive Auseinandersetzung mit den Grundprinzipien einer demokratischen Gesellschaft. Nur durch eine konstruktive Zusammenarbeit können wir langfristige Veränderungen bewirken und ein System schaffen, das eine gerechte politische Verantwortung gewährleistet und das Wohl aller Bürger in den Mittelpunkt stellt.

Ich weise darauf hin, dass diese Darstellung eine kritische Perspektive auf die gegenwärtigen Machtstrukturen darstellt und nicht alle Politiker in ein und dieselbe Kategorie einschließt. Es gibt sicherlich auch Politiker, die sich für das Gemeinwohl einsetzen und das Vertrauen der Bürger verdienen. Dennoch sollten wir als aktive Bürgerinnen und Bürger die vorherrschende Hierarchie hinterfragen und bestrebt sein, eine Gesellschaft zu schaffen, in der die politische Verantwortung auf einer breiten Basis von

Gleichheit, Transparenz und Bürgerbeteiligung ruht. Ich erlaube mir, ein Beispiel aufzuzeigen:

Da ich Arzt bin, kenne ich selbstredend die Problematik im deutschen Gesundheitswesen genauer als in anderen Berufsbereichen, was nicht bedeuten soll, dass andere Sparten weniger betroffen sind.

Wir hatten da mal einen Gesundheitsminister (dessen Partei sich christlich und sozial nennt), der die sogenannte „Budgetierung" im Gesundheitswesen eingeführt hat. Selbstverständlich hat er sich und seine Berufsgruppe nicht budgetiert, sondern streicht regelmäßig seine Diätenerhöhung (schamlos?) ein.

Die Budgetierung im Gesundheitswesen hat nachweislich negative Auswirkungen auf verschiedene Bereiche. Ein Hauptproblem besteht in den Terminproblemen, denen sowohl Ärzte als auch Patienten gegenüberstehen. Durch die Begrenzung der finanziellen Mittel im Rahmen des Budgets können Ärzte nur eine bestimmte Anzahl von Patienten behandeln, was zu längeren Wartezeiten und einem erschwerten Zugang zur medizinischen Versorgung führt.

Diese Budgetierung wirkt sich auf die Attraktivität von Praxisstandorten aus. Insbesondere in Regionen mit einem geringen Anteil an Privatpatienten sind Praxen auf die Einnahmen aus der gesetzlichen Krankenversicherung angewiesen. Da das Budget begrenzt ist, erzielen solche Praxen deutlich geringere Erträge im Vergleich zu Praxen mit einem höheren Anteil an Selbstzahlern. Dies erschwert es Praxisinhabern, Nachfolger zu finden, und Patienten haben Schwierigkeiten, einen behandelnden Arzt zu finden. Dadurch entsteht ein Teufelskreis des Ärztemangels, der durch die Budgetierung verstärkt wird.

Um effektive Lösungen für diese Probleme zu finden, ist eine Überprüfung und die Abschaffung der Budgetierung erforderlich. Eine vollständige Bezahlung erbrachter Leistungen und eine gerechtere Verteilung der finanziellen Ressourcen tragen dazu bei, die Versorgungssituation zu verbessern und dem Ärztemangel entgegenzuwirken, zum Wohl der Patienten und um die Effizienz des Gesundheitssystems zu gewährleisten.

Ein nachdenkliches Ontop obendrauf:

Politiker verstehen es äußerst geschickt, die Folgen der Missstände , die sie verursachen, wie z.B. im Gesundheitswesen, den Weisungsgebundenen an der Basis zuzuschreiben, anstatt sich selbst dafür zur Verantwortung zu ziehen.

So entstehen durch die inkompetenten Entscheidungen für die Patienten lange Wartezeiten für Termine und Untersuchungen. Es ist bedauerlich, dass der Unmut unserer geschätzten Patienten fälschlicherweise direkt an das medizinische Personal und die Ärzte gerichtet wird, obwohl diese Zustände auf die Inkompetenz der politischen Entscheidungsträger zurückzuführen sind. Es scheint, dass sie von jeglicher Konsequenz ihrer Fehlentscheidungen verschont bleiben.

Und lassen Sie uns ehrlich sein!
Glauben Sie wirklich, dass eine Ministerin oder ein Minister genauso lange auf eine Kernspinuntersuchung warten müsste wie gewöhnliche Bürgerinnen und Bürger?

Ich betone, dass diese Aussagen meine persönliche Meinung und Sichtweise als Arzt widerspiegeln, basierend auf meinen erlebten und erlittenen Erfahrungen im deutschen Gesundheitswesen.

Auf der roten Liste
Vom Aussterben bedroht
wegen Überfischung und Beifang
Atlantischer Riesenzackenbarsch

(Esther Gonstalla, das Ozean Buch, S. 32 ff)

Die automatische Diätenerhöhung der Politiker ist ein Schlag ins Gesicht der Bürger

In einer Zeit, in der viele Bürgerinnen und Bürger mit den Auswirkungen der wirtschaftlichen Unsicherheit und steigenden Lebenshaltungskosten kämpfen, sorgt ein kontroverses Thema immer wieder für Empörung: die automatische Diätenerhöhung der Politiker. Während viele Menschen aufgrund ihrer finanziellen Situation Einschnitte hinnehmen müssen, steigern sich die Bezüge der Volksvertreter unaufhörlich. Diese Praxis stößt bei vielen auf Unverständnis und stellt die Frage nach der gerechten Verteilung von Ressourcen und der politischen Verantwortung.

Die Diätenerhöhung der Politiker basiert auf einem festgelegten Mechanismus, der in der Regel automatisch greift. Dabei werden die Gehälter der Abgeordneten an bestimmte Indizes, wie beispielsweise die Entwicklung der Löhne und Gehälter im öffentlichen Dienst, gekoppelt. Dies bedeutet, dass die Bezüge der Politiker regelmäßig steigen, unabhängig von der tatsächlichen Leistung oder den Bedürfnissen der Bevölkerung.

Diese automatische Diätenerhöhung stößt bei vielen Menschen auf Empörung und erzeugt das Gefühl, dass sich Politiker von den finanziellen Sorgen der Bürgerinnen und Bürger entkoppelt haben. Es entsteht der Eindruck, dass diejenigen, die politische Entscheidungen treffen sollten, den Bezug zur Realität verloren haben. Dies schürt das Vertrauensdefizit in die politische Elite und verstärkt das Gefühl der Entfremdung zwischen Regierenden und Regierten.
Angesichts dieser Situation gewinnt das persönliche politische Handeln eine besondere Bedeutung.

Es ist an der Zeit, dass sich Bürgerinnen und Bürger aktiv einbringen und ihre Stimme erheben. Das bedeutet nicht nur, an Wahlen teilzunehmen, sondern auch Druck auf die politischen Entscheidungsträger auszuüben. Durch friedliche Proteste, Petitionen und den Dialog mit den gewählten Vertretern können wir unsere Unzufriedenheit zum Ausdruck bringen und Veränderungen einfordern.

Politik trägt eine immense Verantwortung gegenüber der Gesellschaft, die sie vertritt. Die Politiker sollten sich bewusst sein, dass ihre Handlungen und Entscheidungen direkte Auswirkungen auf das Leben der Menschen haben. Dies schließt auch die finanzielle Verantwortung ein. Es ist nicht nur moralisch, sondern auch ethisch geboten, dass Politiker in Zeiten der finanziellen Belastungen und Einschränkungen solidarisch handeln und auf automatische Diätenerhöhungen verzichten.

Statt die ungerechtfertigten, automatischen Diätenerhöhungen kaltschnäuzig einzustreichen, sollten Politiker sich bewusst für Transparenz, Nachvollziehbarkeit und Rechtfertigung im Hinblick auf ihre Bezüge einsetzen. Ein offener Dialog mit der Bevölkerung und die Diskussion über eine gerechte Bezahlung sind notwendig, um das Vertrauen in die politischen Institutionen wiederherzustellen. Zudem könnten unabhängige Gremien eingesetzt werden, die die Gehälter der Politiker regelmäßig überprüfen und an die aktuellen Herausforderungen und die finanzielle Lage der Bürgerinnen und Bürger anpassen.

Die automatische Diätenerhöhung der Politiker ist ein grundsätzliches Thema, das das Vertrauen der Bürgerinnen und Bürger weiter untergräbt. Diesem untragbaren Missstand muss konsequent entgegengewirkt werden. Wir müssen uns aktiv einbringen und politische Verantwortung einfordern.

Eine offene Diskussion über eine gerechte Bezahlung der Politiker sowie transparente Mechanismen fördern die Wiederherstellung des Vertrauen in die politischen Institutionen und gewährleisten eine faire Verteilung von Ressourcen.

Mir scheint es manchmal, dass aus dem
Land der Dichter und Denker
ein Land der undichten Denker
geworden ist, zumindest,
was die meisten Politiker betrifft.

Bittere Ironie
von mir,
Dr. Christian Barth

Konsequenzen

Rebellion als friedlicher Aufstand

Mein Appell an Ihr friedliches Gewissen ist klar und deutlich: Nehmen Sie Ihren Mut zusammen und setzen Sie sich für Veränderungen ein. Die Motivation, friedlich zu rebellieren, hängt von verschiedenen Faktoren ab, aber es gibt bewährte Ansätze, um Menschen zu motivieren, sich für Veränderungen einzusetzen.

Der erste Schritt besteht darin, Bewusstsein für Missstände und Ungerechtigkeiten zu schaffen, gegen die rebelliert werden soll. Informationskampagnen, Aufklärung und öffentliche Diskussionen sind entscheidend, um das Bewusstsein für die vorhandenen Probleme zu schärfen und die Motivation zur Veränderung zu erhöhen. Teilen Sie Ihr Wissen und lassen Sie andere an Ihrem Anliegen teilhaben.

Darüber hinaus sollten Sie sich einer Gemeinschaft anschließen, in der Sie sich unterstützt und gehört fühlen. „Gemeinschaftsbildung" ist ein wichtiger Aspekt, um Menschen zu motivieren, sich für eine Sache einzusetzen. Durch die Bildung von Gemeinschaften, Aktivistengruppen oder sozialen Bewegungen können Sie Ihre Kräfte bündeln und gemeinsam für Veränderungen kämpfen. Gemeinsam sind wir stärker.

Betonen Sie stets den Einsatz friedlicher und gewaltloser Strategien. Schauen Sie auf erfolgreiche Beispiele wie Mahatma Gandhis gewaltfreien Kampf für die indische Unabhängigkeit oder die Bürgerrechtsbewegung in den USA. Diese zeigen, dass Veränderungen auf friedliche Weise möglich sind und große Auswirkungen haben können. Lassen Sie sich von ihnen inspirieren und glauben Sie an die Wirksamkeit des friedlichen Protests.

Ziele und Forderungen müssen klar und deutlich formuliert werden, um Menschen zu motivieren, sich einer Rebellion anzuschließen. Wenn die Menschen verstehen, wofür sie kämpfen und welche Veränderungen sie erreichen wollen, ist ihre Motivation stärker. Stellen Sie sicher, dass Ihre Ziele realistisch, spezifisch und ansprechend sind, um andere zu überzeugen und mitzureißen.

Neben der Kritik an den bestehenden Zuständen sollten Sie positive Perspektiven und alternative Visionen für die Zukunft präsentieren. Menschen sind eher motiviert, wenn sie eine klare Vorstellung davon haben, wie die Welt aussehen könnte, wenn sich Veränderungen durchsetzen. Zeigen Sie, dass es eine bessere Zukunft geben kann und dass wir alle ein Teil der Lösung sind.

Menschen haben das Recht, Beteiligungsmöglichkeiten einzufordern. Geben Sie ihnen das Gefühl, dass ihr Engagement und ihre Beteiligung an der Rebellion einen Unterschied machen. Indem Sie Möglichkeiten zur aktiven Teilnahme, Mitbestimmung und Einflussnahme bieten, können Sie die Motivation steigern und das Vertrauen der Menschen darin bestärken, dass sie tatsächlich etwas bewirken können.

Solidarität und Unterstützung sind ebenfalls entscheidende Momente. Zeigen Sie anderen, dass sie Teil einer größeren Bewegung sind und dass sie Unterstützung von Gleichgesinnten erhalten. Gemeinsam können wir die Welt verändern, und wenn Menschen sich gestärkt fühlen und wissen, dass sie nicht allein sind, sind sie eher bereit, sich für Veränderungen einzusetzen.

Verlieren Sie niemals aus den Augen, dass friedlicher Widerstand gewissenhaft und ethisch sein muss, Gewalt und Aggression sind keine angemessenen Mittel, um Veränderungen herbeizuführen. Halten Sie sich an die Prinzipien des gewaltlosen Widerstands und Sie können sich der Macht der positiven Veränderungen durch eine gewaltlose Vorgehensweise gewiss sein.

Ich möchte Sie ermutigen, Ihre eigenen Sorgen für einen Moment hintanzustellen und mutig den Weg des friedlichen Widerstands einzuschlagen. Halten Sie an Ihren Werten fest, glauben Sie an die Macht des friedlichen Protests und setzen Sie Ihre Stimme für eine gerechtere Welt ein.

Es ist an der Zeit, gemeinsam Veränderungen durchzusetzen.

Auf der roten Liste
Vom Aussterben bedroht
wegen Überfischung und Beifang
Vaquita

(Esther Gonstalla, das Ozean Buch, S. 32 ff)

Dringlichkeit friedlicher Rebellion zur Erhaltung unserer Welt

Die Dringlichkeit, sich für die Erhaltung unserer Welt einzusetzen, ist unumstritten angesichts einer Vielzahl globaler Herausforderungen, die das Wohlergehen der Menschheit und des Planeten bedrohen. Der Klimawandel, die Umweltverschmutzung, der Verlust der Biodiversität, die Ressourcenknappheit und die soziale Ungerechtigkeit sind nur einige der Gründe, warum ein Engagement für die Erhaltung unserer Welt von höchster Bedeutung ist.

Der Klimawandel steht an vorderster Front dieser Herausforderungen und führt zu verheerenden Auswirkungen wie steigenden Temperaturen, veränderten Wettermustern, einem Anstieg des Meeresspiegels und häufigeren extremen Wetterereignissen. Diese Veränderungen haben bereits spürbare Folgen für Ökosysteme, Landwirtschaft, Wasserversorgung und menschliche Gesundheit. Um den Schaden zu begrenzen und zukünftige Generationen zu schützen, müssen wir Maßnahmen ergreifen, um Treibhausgas-Emissionen zu reduzieren, erneuerbare Energien zu fördern und uns an die Auswirkungen des Klimawandels anpassen.

Die Verschmutzung von Luft, Wasser und Boden stellt eine weitere große Bedrohung dar. Giftige Chemikalien, Plastikabfälle, Schwermetalle und andere Schadstoffe schädigen die Umwelt, beeinträchtigen die Biodiversität und haben langfristige Auswirkungen auf die Gesundheit von Menschen und Natur.

Durch Recycling, Abfallreduzierung, umweltfreundliche Landwirtschaft und den Einsatz sauberer Technologien können wir die Umweltverschmutzung minimieren und eine gesündere Umwelt schaffen.

Der Rückgang der Artenvielfalt und der Verlust von Lebensräumen bedrohen die Ökosysteme und das Gleichgewicht der Natur.

Der Verlust von Arten hat Auswirkungen auf die Nahrungsmittelproduktion, das Funktionieren von Ökosystemen und die Verfügbarkeit natürlicher Ressourcen. Daher ist es entscheidend, Ökosysteme zu schützen, nachhaltige Landnutzung zu fördern und bedrohte Arten zu erhalten, um die Biodiversität zu bewahren.

Die steigende Nachfrage nach Ressourcen wie Wasser, Energie und Nahrungsmitteln stellt eine weitere Herausforderung dar. Unsere Ressourcen sind begrenzt, und ineffiziente Nutzung und übermäßiger Verbrauch führen zu Verschwendung und Ausbeutung. Um eine nachhaltige Zukunft zu gewährleisten, sind nachhaltiges Ressourcenmanagement, effiziente Technologien und eine gerechtere Verteilung von Ressourcen von großer Bedeutung.

Die Erhaltung unserer Welt ist eng mit sozialer Gerechtigkeit verbunden. Die Auswirkungen von Umweltproblemen wie Klimawandel, Umweltverschmutzung und Ressourcenknappheit sind ungleich verteilt. Oft sind diejenigen am stärksten Betroffen, die am wenigsten zur Umweltverschmutzung beitragen. Durch ein Engagement für die Erhaltung unserer Welt können wir gerechtere Gesellschaften schaffen und sicherstellen, dass jeder Zugang zu sauberer Luft, sauberem Wasser und einer gesunden Umwelt hat.

Letztendlich geht es darum, die Lebensgrundlagen für uns selbst und zukünftige Generationen zu schützen. Indem wir uns für die Erhaltung unserer Welt einsetzen, können wir eine nachhaltigere und gerechtere Zukunft schaffen, in der Mensch und Natur im Einklang miteinander existieren können. Es liegt in unserer Verantwortung, aktiv zu werden und unseren Beitrag zu leisten, um die Herausforderungen anzugehen, die vor uns liegen.

Es ist an der Zeit, aktiv zu werden.

Noam Chomsky:
https://youtu.be/6_gS5PV0kZA

Auf der roten Liste
Vom Aussterben bedroht
wegen Überfischung und Beifang
Sägerochen

(Esther Gonstalla, das Ozean Buch, S. 32 ff)

Welch große Bedeutung
die biologische Vielfalt im Meer hat,
war lange Zeit unklar.

Mittlerweile sind Wissenschaftler sich
einig, dass sie die Meeres-Ökosysteme
stabilisiert und leistungsfähig hält.

Zudem macht sie Lebensräume
widerstandsfähiger gegenüber von außen
erzwungenen Änderungen.

Doch das stabilisierende Artengefüge
wird durch Überfischung,
Klimaveränderung und Verschmutzung
immer stärker bedroht.

Prof. Dr. Hartmut Graßl,
Max-Planck-Institut für Meteorologie,
Hamburg

Die Wissenschaften

Handlungsgrundlagen

Die Wissenschaften spielen eine maßgebliche Rolle bei der Erforschung und Untersuchung der natürlichen und sozialen Welt. Ihr systematischer Ansatz ermöglicht es uns, neues Wissen zu gewinnen, Phänomene zu erklären und neue Erkenntnisse zu generieren. Die Wissenschaft arbeitet mit logischen, empirischen und methodischen Verfahren, um komplexe Fragen zu erforschen und fundierte Aussagen zu treffen.

Ein wichtiger Teil der wissenschaftlichen Methode ist die Formulierung von Hypothesen, die Durchführung von Experimenten oder Beobachtungen, die Datenerfassung, die Analyse der Ergebnisse und die Formulierung von Schlussfolgerungen. Durch diese systematische Vorgehensweise können wir komplexe Fragestellungen angehen und zuverlässige Ergebnisse erzielen.

Ein weiteres Kernprinzip der Wissenschaft ist die Verwendung empirischer Evidenz. Durch die Sammlung und Analyse von Daten strebt die Wissenschaft danach, zuverlässige und nachvollziehbare Ergebnisse zu erzielen. Messungen und die Überprüfbarkeit der Ergebnisse sind wichtige Prinzipien, um die Glaubwürdigkeit wissenschaftlicher Erkenntnisse sicherzustellen.

Wissenschaftliche Erkenntnisse werden in Form von Theorien, Modellen oder Konzepten präsentiert. Sie helfen uns dabei, Phänomene zu erklären, Vorhersagen zu treffen und unser Verständnis der Welt zu verbessern. Theorien werden auf der Grundlage von Beweisen und wiederholten Beobachtungen entwickelt und können sich im Laufe der Zeit weiterentwickeln.

Ein unentbehrliches Merkmal der Wissenschaft ist ihre Objektivität und Unvoreingenommenheit. Durch die Anwendung systematischer Methoden versucht die Wissenschaft, Verzerrungen oder persönliche Vorurteile in den Untersuchungen zu minimieren. Peer-Review-Prozesse und die Offenlegung von Methoden und Daten tragen dazu bei, die Qualität und Glaubwürdigkeit wissenschaftlicher Arbeiten sicherzustellen.

Die Wissenschaft baut auf bereits vorhandenem Wissen auf und strebt nach einer kumulativen Entwicklung des Wissensstandes, um unser Verständnis zu erweitern und zu einem umfassenderen Bild der Welt beizutragen. Dieser fortlaufende Prozess ermöglicht es uns, Fortschritte in verschiedenen Bereichen zu erzielen und Herausforderungen anzugehen.

Die Wissenschaft ermöglicht es uns, die Welt um uns herum besser zu verstehen, evidenzbasierte Entscheidungen zu treffen, Probleme zu lösen, neue Technologien zu entwickeln, medizinische Fortschritte zu erzielen und evidenzbasierte Richtlinien und Strategien zu unterstützen. Durch den wissenschaftlichen Ansatz können wir unser Wissen erweitern und auf diese Weise den Fortschritt in der Gesellschaft vorantreiben.

Die Erkenntnisse aus wissenschaftlicher Forschung haben einen großen Einfluss auf unser Leben und die Gesellschaft als Ganzes. Sie eröffnen neue Möglichkeiten und bringen Fortschritt in vielen Bereichen. In der Medizin haben wissenschaftliche Fortschritte dazu geführt, dass wir Krankheiten besser diagnostizieren, behandeln und vorbeugen können. Neue Medikamente, Therapien und Technologien verbessern nicht nur die Gesundheitsversorgung, sondern tragen auch zu einer längeren Lebenserwartung und einer höheren Lebensqualität bei. In den Bereichen „Umwelt" und „Nachhaltigkeit" trägt die Wissenschaft dazu bei, unser Verständnis der Auswirkungen des Klimawandels, der Umweltverschmutzung und des Ressourcenverbrauchs zu vertiefen.

Sie bietet auch Lösungsansätze, um diese Herausforderungen anzugehen, wie z. B. die Entwicklung erneuerbarer Energien, die Förderung nachhaltiger Landwirtschaftspraktiken und die Umsetzung effektiver Umweltschutzmaßnahmen. Auch trägt die Wissenschaft zur Entwicklung neuer Technologien und Innovationen bei, die unser tägliches Leben verbessern. Von der Kommunikation über das Internet und Mobiltelefone bis hin zu neuen Materialien und Transportmitteln haben wissenschaftliche Erkenntnisse und Forschung zu bahnbrechenden Entwicklungen geführt.

Die Bedeutung der Wissenschaft liegt auch in ihrer Fähigkeit, uns mit fundiertem Wissen und Informationen auszustatten. Durch evidenzbasierte Informationen können wir besser informierte Entscheidungen treffen, sei es in Bezug auf unsere Gesundheit, Umwelt oder politische Fragen. Die Einbeziehung wissenschaftlicher Erkenntnisse in politische Entscheidungsprozesse kann zu einer besseren Gestaltung von Gesetzen und Richtlinien führen, die auf nachvollziehbaren Daten und Fakten basieren.

Insgesamt spielt die Wissenschaft eine entscheidende Rolle bei der Erfüllung unserer Grundbedürfnisse. Sie trägt zur Verbesserung der Lebensqualität bei, fördert Fortschritt und Innovation und ermöglicht es uns, die Herausforderungen unserer Zeit anzugehen. Indem wir die Wissenschaft unterstützen, ihre Erkenntnisse nutzen und in unsere Entscheidungsprozesse integrieren, können wir eine nachhaltigere, gerechtere und lebenswerte Zukunft für alle Menschen schaffen.

Auf der roten Liste
Vom Aussterben bedroht
wegen Überfischung und Beifang
Totoaba

(Esther Gonstalla, das Ozean Buch, S. 32 ff)

Wir Menschen
belasten die Ozeane zusehends.

Ein erschreckendes und für jede(n)
sichtbares Beispiel ist die Verschmutzung
der Meere mit Plastikmüll.

Hinzu kommen weitere Stressfaktoren
wie die Vergiftung der Ozeane durch Öl,
Radioaktivität oder Überdüngung.

Die Ozeane leiden zudem unter den
Auswirkungen der Erderwärmung.

Wie lange können
die Meeresökosysteme das aushalten?
Kollabieren sie, betrifft das auch uns.

Dann würde der Sünder
zum Leidtragenden.

Prof. Dr. Mojib Latif,
GEOMAR Helmholtz-Zentrum für Ozeanforschung Kiel
und Universität Kiel

Der Countdown läuft

Zeit ist ein Luxus – den unser Klima nicht hat

In unserer Gesellschaft hat sich das Streben nach Gewinnmaximierung und Konsum tief in das Fundament unseres Wirtschaftssystems eingegraben. Dieses Bestreben führt dazu, dass menschliche Werte oft hinter finanziellen Gewinnen zurückstehen. Unternehmen und Individuen sind gleichermaßen gefordert, Entscheidungen nach Profitmargen und Marktanteilen auszurichten, wobei ethische Überlegungen und soziale Verantwortung zuweilen in den Hintergrund treten.

Diese Prioritäten vernachlässigen unsere Umwelt gefährlich. Die rastlose Ausbeutung natürlicher Ressourcen, um Konsum zu fördern und Wirtschaftswachstum anzukurbeln, führt zu einer Schieflage, die das Überleben unseres Planeten riskiert. Die Zerstörung von Lebensräumen, Luft- und Wasserverschmutzung sowie der Klimawandel sind deutliche Zeichen dieser rücksichtslosen Haltung.

Ein Teufelskreis entsteht: Die Bedürfnisse der Konsumenten erfordern zunehmend mehr Ressourcen, was die Degradierung des Planeten weiter vorantreibt. In diesem Zyklus opfern wir langfristige Nachhaltigkeit und das Wohlergehen zukünftiger Generationen für kurzfristige Interessen.

„Am Beispiel der Klimakrise lässt sich verdeutlichen, wie hilflos die internationale Politik agiert. Sie kann offensichtlich den Fängen der fossilen Industrie nicht entkommen oder zumindest nicht schnell genug. Beleg dafür ist, dass der weltweite Verbrauch von fossilen Brennstoffen unaufhörlich steigt, was unweigerlich mit höheren CO2 -Emissionen verbunden ist." (6)

Um diesen Kurs zu ändern, brauchen wir einen grundlegenden Wandel. Einen Wandel hin zu einem Gleichgewicht zwischen Wirtschaftswachstum und dem Erhalt menschlicher und ökologischer Werte. Sowohl Einzelpersonen als auch Unternehmen müssen ethische Entscheidungen treffen und in Systeme investieren, die Nachhaltigkeit und soziale Gerechtigkeit unterstützen. Wirtschaftliches Wachstum muss mit der Entwicklung einer Gesellschaft einhergehen, die Wohlstand mit Respekt für die Natur und untereinander verbindet.

„Wir müssen endlich vom Wissen zum Handeln kommen. Ein kleines Zeitfenster bleibt der Menschheit noch, um das Ruder herumzureißen und eine Klimakatastrophe zu vermeiden." (7)

Wir benötigen eine neue Definition von Erfolg, die finanzielle Ergebnisse ebenso wie den positiven Einfluss auf Gesellschaft und Umwelt würdigt.

Es liegt in unserer Verantwortung, die Umwelt zu schützen und nachhaltig zu nutzen, um die Bedürfnisse heutiger und zukünftiger Generationen zu erfüllen. Dies erfordert eine verantwortungsbewusste Nutzung natürlicher Ressourcen, den Schutz von Ökosystemen und die Reduzierung von Umweltverschmutzung und negativen Umweltauswirkungen. Nur durch den Erhalt einer intakten Umwelt können wir die Voraussetzungen für das Leben aufrechterhalten und eine nachhaltige Zukunft gestalten.

Es liegt allein an uns, als Individuen und als Gesellschaft aktiv zum Schutz und zur nachhaltigen Nutzung unserer Umwelt beizutragen.

Lebensgrundlage

Die Basis

Unsere Umwelt ist eine essenzielle Voraussetzung für das Leben auf der Erde und verdient unseren Schutz und unsere nachhaltige Nutzung. Sie bildet die Grundlage für das Überleben und die Entwicklung aller Lebewesen und umfasst natürliche Ressourcen wie Luft, Wasser, Boden, Pflanzen und Tiere. Diese Ressourcen sind eng miteinander verbunden und bilden komplexe ökologische Systeme.

Ein Beispiel für die Wechselwirkungen in der Umwelt ist die Nahrungskette. Pflanzen nutzen Sonnenlicht, Wasser und Nährstoffe aus dem Boden, um Energie durch Fotosynthese zu produzieren. Andere Organismen, wie Tiere, ernähren sich von diesen Pflanzen und werden somit Teil der Nahrungskette. Dieses Zusammenspiel verschiedener Arten stabilisiert das Ökosystem und trägt zur Aufrechterhaltung des ökologischen Gleichgewichts bei.

Unsere Umwelt beeinflusst auch das Klima und das Wetter. Der globale Kohlenstoffkreislauf, der von Pflanzen und Ozeanen beeinflusst wird, reguliert die Temperaturen auf der Erde. Veränderungen in der Umwelt, insbesondere durch den erhöhten Ausstoß von Treibhausgasen durch menschliche Aktivitäten, können den Klimawandel verursachen und das Gleichgewicht der Umwelt stören.

Unsere Umwelt erfüllt wichtige Funktionen für die menschliche Gesellschaft. Sie stellt Ressourcen wie Nahrung, Wasser, Energie und Rohstoffe zur Verfügung. Ökosystemdienstleistungen wie Bestäubung von Pflanzen durch Insekten, Wasserfiltration durch Feuchtgebiete und klimatische Regulation durch Wälder sind entscheidend für unser Wohlergehen und unsere wirtschaftliche Entwicklung. Es liegt in unserer Verantwortung, die Umwelt zu schützen und nachhaltig zu nutzen, um die Bedürfnisse heutiger und zukünftiger Generationen zu erfüllen. Dies erfordert eine verantwortungsbewusste Nutzung natürlicher Ressourcen, den Schutz von Ökosystemen und die Reduzierung von Umweltverschmutzung und negativen Umweltauswirkungen. Nur durch den Erhalt einer intakten Umwelt können wir die Voraussetzungen für das Leben aufrechterhalten und eine nachhaltige Zukunft gestalten.

Es liegt allein an uns, als Individuen und als Gesellschaft aktiv zum Schutz und zur nachhaltigen Nutzung unserer Umwelt beizutragen.

Interaktionen

Die Erfüllung der fundamentalen Lebensgrundlagen in Bezug auf individuelle, soziale, politische und ökologische Bedürfnisse spielt eine entscheidende Rolle für das Wohlergehen und die nachhaltige Entwicklung einer Gesellschaft. Es gibt verschiedene Aspekte, die diese Lebensgrundlagen umfassen:

Individuelle Bedürfnisse stehen im Mittelpunkt, da jeder Mensch grundlegende Anforderungen wie Nahrung, sauberes Wasser, angemessene Gesundheitsversorgung, Bildung, angemessene Unterkunft und persönliche Sicherheit hat. Diese Bedürfnisse müssen erfüllt sein, damit jeder ein gesundes und erfülltes Leben führen kann.

Soziale Bedürfnisse sind ebenfalls von großer Bedeutung. Der Mensch ist ein soziales Wesen und hat das Bedürfnis nach sozialen Beziehungen, Gemeinschaft, Zugehörigkeit und gegenseitiger Unterstützung. Ein starkes soziales Netzwerk, soziale Gerechtigkeit und Chancengleichheit sind entscheidend für das Wohlergehen einer Gesellschaft.

Politische Bedürfnisse beziehen sich auf die Möglichkeit der Teilhabe, Mitbestimmung und Einflussnahme auf politische Entscheidungen und Prozesse. Eine demokratische Regierung, Meinungsfreiheit, Menschenrechte und Rechtsstaatlichkeit sind grundlegende Voraussetzungen, um politische Bedürfnisse zu erfüllen.

Die Erfüllung ökologischer Bedürfnisse umfasst eine nachhaltige Nutzung und den Schutz der natürlichen Ressourcen und Ökosysteme. Dies beinhaltet den Schutz der Umwelt, den Kampf gegen den Klimawandel, den Erhalt der Biodiversität und die Förderung einer ökologisch verträglichen Lebensweise.

Von entscheidender Bedeutung ist, die Verbundenheit zwischen sozialen, ökologischen und politischen Belangen zu erkennen, da sie sich gegenseitig beeinflussen. Ein anschauliches Beispiel dafür sind die Auswirkung politischer Entscheidungen auf die Ölindustrie und ihre Folgen für Küstengemeinschaften.

Wenn eine Regierung die Förderung der Ölindustrie durch Ölbohrungen in Küstengewässern unterstützt, kann dies positive soziale Effekte haben. Neue Arbeitsplätze und wirtschaftliche Möglichkeiten könnten sich ergeben, was die Lebensbedingungen und den Wohlstand in der Gemeinschaft verbessern könnte.

Es darf nicht übersehen werden, dass diese politische Entscheidung auch ökologische Risiken birgt. Das Bohren nach Öl in Küstengewässern kann zu verheerenden Ölkatastrophen führen, bei denen Öl ins Meer gelangt und die marine Umwelt schwer belastet wird. Die Verschmutzung von Gewässern, der Tod von Meereslebewesen und die Beeinträchtigung von Ökosystemen haben gravierende Auswirkungen auf individuelle und soziale Bedürfnisse. Fischer könnten ihren Lebensunterhalt verlieren und die Gesundheit der Küstengemeinschaften wäre gefährdet.

Es zeigt, dass politische Entscheidungen nicht nur wirtschaftliche Vorteile mit sich bringen, sondern auch das Potenzial haben, soziale und ökologische Bedürfnisse zu beeinflussen. Um nachhaltige Lösungen zu finden, ist ein ausgewogener Ansatz erforderlich, der alle Aspekte berücksichtigt. Politische Entscheidungsträger sollten nicht nur kurzfristige wirtschaftliche Interessen in den Blick nehmen, sondern auch die langfristigen sozialen und ökologischen Auswirkungen beachten.

Um eine nachhaltige Entwicklung und das Wohlergehen der Gesellschaft zu fördern, ist es unerlässlich, die Wechselwirkungen zwischen sozialen, ökologischen und politischen Aspekten zu verstehen.

Dies erfordert das Engagement von politischen Entscheidungsträgern, der Zivilgesellschaft und jedem Einzelnen. Nur durch eine umfassende und integrative Herangehensweise können wir eine gerechtere und nachhaltigere Zukunft für alle Menschen erreichen, in der sowohl individuelle als auch kollektive Bedürfnisse erfüllt werden.

Fatale Realität:
„1 Liter Öl kann bis zu 1 Million Liter Trinkwasser verseuchen. Geschätzte 2,6 Milliarden Liter Öl gelangen weltweit pro Jahr in die Ozeane." (8)

Klimawandel, wie viel Zeit bleibt uns noch?

Die Frage nach dem Zeitrahmen, den wir noch haben, um den Klimawandel einzudämmen, ist von größter Bedeutung und wird intensiv diskutiert. Es gibt wissenschaftliche Erkenntnisse, die auf die Dringlichkeit des Handelns hinweisen und einen begrenzten Zeitrahmen anzeigen. Der Weltklimarat (IPCC) hat in seinem Bericht von 2021 betont, dass wir in den nächsten Jahrzehnten entscheidende Maßnahmen ergreifen müssen, um die Erderwärmung auf 1,5 Grad Celsius gegenüber dem vorindustriellen Niveau zu begrenzen.

Der Bericht des IPCC zeigt, dass die kommenden 10 bis 20 Jahre entscheidend sind, um die notwendigen Veränderungen einzuleiten und den Ausstoß von Treibhausgasen drastisch zu reduzieren. Wenn wir es nicht schaffen, die globalen Netto-Emissionen bis 2050 auf Null zu senken, könnte dies zu schwerwiegenden und irreversiblen Auswirkungen auf das Klima führen.

Ein weiterer wichtiger Faktor ist das sogenannte „Kohlenstoffbudget". Dies bezieht sich auf die Gesamtmenge an Treibhausgas-Emissionen, die wir noch verursachen können, um bestimmte Temperaturziele einzuhalten. Nach Schätzungen des IPCC haben wir nur noch ein begrenztes Kohlenstoffbudget übrig, um eine Erwärmung von 1,5 Grad Celsius nicht zu überschreiten. Das bedeutet, dass wir unsere Emissionen so schnell wie möglich reduzieren müssen, um innerhalb dieses Budgets zu bleiben.

Die Umsetzung von Maßnahmen zur Anpassung an die bereits stattfindenden Auswirkungen des Klimawandels erfordern höchste Anstrengungen. Die steigenden Temperaturen, der Anstieg des Meeresspiegels, extreme Wetterereignisse und andere Folgen des Klimawandels erfordern Maßnahmen zur Anpassung, um die Menschen und Ökosysteme auf die Veränderungen vorzubereiten und ihre Resilienz zu stärken. Seien wir uns bewusst, dass jeder einzelne von uns eine wichtige Rolle spielt, um den Klimawandel einzudämmen. Individuelle Handlungen wie die Reduzierung des Energieverbrauchs, die Nutzung erneuerbarer Energien, eine nachhaltige Ernährung und die Förderung umweltfreundlicher Transportmittel tragen zur Reduzierung von Treibhausgas-Emissionen bei.

Kollektive Anstrengungen und politische Entscheidungen auf globaler, nationaler und lokaler Ebene sind unumgänglich. Eine verstärkte Zusammenarbeit zwischen Regierungen, Unternehmen und der Zivilgesellschaft ist erforderlich, um die notwendigen Veränderungen anzustoßen und die Umstellung auf eine nachhaltige und kohlenstoffarme Wirtschaft voranzutreiben.

Der Klimawandel ist eine der größten Herausforderungen unserer Zeit, und die Zeit drängt. Indem wir jetzt handeln und entschlossen Maßnahmen ergreifen, können wir die schlimmsten Auswirkungen begrenzen und eine lebenswerte und nachhaltige Zukunft für kommende Generationen sichern. Es liegt in unserer Verantwortung, diese Chance zu nutzen und gemeinsam für den Schutz unseres Planeten einzutreten.

Professor Dr. Mojib Latif

Mit jedem Tag gießen wir Öl ins Klimafeuer

Die wissenschaftliche Gemeinschaft hat einen klaren Konsens darüber erreicht, dass die Erderwärmung eine reale und dringende globale Bedrohung darstellt. Die Positionen von Klimaskeptikern, die die Belege für die Erderwärmung in Frage stellen, stehen im Gegensatz zu einem überwältigenden Berg von peer-reviewten Studien und Daten. Diese zeigen eindeutig, dass der anthropogene Klimawandel – vorangetrieben durch Treibhausgase aus menschlichen Aktivitäten – eine Hauptursache für den globalen Temperaturanstieg ist. Professor Dr. Mojib Latif bringt es mit den Worten: „Fassen wir zusammen. Die Beobachtungen und die Simulationen mit Klimamodellen sprechen eine eindeutige Sprache. Die Erderwärmung ist in erster Linie durch die Menschheit verursacht und die Folge ihres Ausstoßes von Treibhausgasen, allen voran Kohlendioxid. Natürliche Einflüsse scheiden als wesentliche Ursache für den langfristigen Temperaturanstieg aus." (9) – auf den Punkt.

Somit liegen wissenschaftliche Fakten als Beweis für die von Menschen verursachte Erderwärmung und deren potenziell verheerende Auswirkungen vor. Politische Strategien und Maßnahmen müssen daher auf diesen fundierten wissenschaftlichen Daten aufbauen, um wirksame Lösungen für die Klimakrise zu entwickeln und umzusetzen, um langfristig tragfähige und nachhaltige Fortschritte im Kampf gegen den Klimawandel zu erzielen.

Prof. Dr. Mojib Latif:
https://youtu.be/TnxL18Prnbc

Zusammenspiel von Klima, Ozeanen und Meereslebewesen

Der Klimawandel hat zweifellos einen tiefgreifenden Einfluss auf die Ozeane und ihre empfindlichen Ökosysteme. Es ist entscheidend, die Zusammenhänge zu verstehen und Maßnahmen zu ergreifen, um die Auswirkungen auf die marinen Lebensräume und Artenvielfalt zu begrenzen.

Die Erwärmung der Ozeane hat weitreichende Konsequenzen. Durch den Anstieg der Wassertemperaturen breiten sich wärmeliebende Arten in neue Gebiete aus, während kälteempfindliche Arten unter Druck geraten und sich zurückziehen oder sogar aussterben können. Ein alarmierendes Beispiel dafür ist das weltweite Auftreten von Korallenbleichen. Bei dieser beunruhigenden Erscheinung stoßen Korallen ihre symbiotischen Algen ab und sterben infolgedessen ab. Die Korallenriffe, die als artenreiche Ökosysteme und wichtige Lebensräume für unzählige marine Organismen dienen, sind dadurch gefährdet.

Eine weitere Konsequenz ist die Versauerung der Ozeane. Durch die erhöhte Aufnahme von Kohlendioxid wird das Wasser saurer, was das Wachstum von Schalentieren und Korallen beeinträchtigt. Da diese Lebewesen Kalkschalen und -skelette bilden, behindert die zunehmende Säure das Wachstum und die Entwicklung dieser Organismen. Dies hat nicht nur direkte Auswirkungen auf die betroffenen Arten, sondern kann auch ganze Nahrungsnetze beeinflussen.

Der Anstieg des Meeresspiegels, der mit dem Klimawandel einhergeht, hat fatale Folgen. Das Schmelzen von Gletschern und Eisschilden trägt zum Ansteigen des Meeresspiegels bei, was wiederum Küstenlebensräume gefährdet. Feuchtgebiete und Mangrovenwälder, die als wichtige Schutzzonen und Kinderstuben für viele marine Arten dienen, werden dadurch bedroht. Zudem sind Inseln und Küstengemeinden einem erhöhten Risiko ausgesetzt.

Die Veränderungen in den Meeresströmungen sind ein weiteres Problem. Durch den Klimawandel können sich die Meeresströmungen verändern, was die Verteilung von Nährstoffen und Plankton beeinflusst. Dies wiederum wirkt sich auf die Nahrungsketten und den Lebensraum von Fischen, Walen und anderen Meereslebewesen aus. Eine Störung dieser empfindlichen Gleichgewichte kann schwerwiegende Folgen für die marine Biodiversität haben. Die Artenvielfalt der Ozeane steht vor einer enormen Bedrohung. Der Klimawandel zwingt marine Organismen, sich rasch an veränderte Umweltbedingungen anzupassen. Arten, die dazu nicht in der Lage sind, sind dem Risiko des Aussterbens ausgesetzt. Dies könnte zu einem Verlust wichtiger Nahrungsquellen, einer Destabilisierung des gesamten Ökosystems und einem erheblichen Rückgang der Artenvielfalt führen.

Um die Auswirkungen des Klimawandels auf die Ozeane zu mildern, ist ein umfassender Schutz und eine nachhaltige Nutzung dieser lebenswichtigen Lebensräume erforderlich. Dies erfordert eine drastische Reduzierung der Treibhausgas-Emissionen, um die Erwärmung der Ozeane zu begrenzen. Darüber hinaus müssen Maßnahmen ergriffen werden, um Lebensräume zu schützen und wiederherzustellen, die Fischerei nachhaltig zu gestalten und die Verschmutzung der Meere zu bekämpfen.

Der Schutz der Ozeane ist nicht nur von ökologischer Bedeutung, sondern hat auch direkte Auswirkungen auf das gesamte Klimasystem. Die Ozeane spielen eine entscheidende Rolle bei der Regulierung des Klimas, der Absorption von Kohlendioxid und der Bereitstellung von Sauerstoff. Indem wir die Ozeane schützen und ihre Lebensräume bewahren, tragen wir somit auch zum Schutz der gesamten Umwelt und zur Stabilisierung des Klimasystems bei. Es liegt in unserer Verantwortung, jetzt zu handeln und Maßnahmen zu ergreifen, um den Klimawandel einzudämmen und die Ozeane zu erhalten, damit zukünftige Generationen von ihrer Schönheit und Vielfalt profitieren können.

York Hovest

Alarmstufe rot: Korallenbleiche

Korallenbleiche, auch als „Coral Bleaching" bekannt, ist ein alarmierendes Phänomen, das marine Ökosysteme weltweit betrifft. Es beschreibt den Zustand, in dem Korallen ihre lebenswichtigen Algen, bekannt als Zooxanthellen, verlieren. Diese symbiotischen Algen geben den Korallen nicht nur ihre charakteristische Farbe, sondern sind auch eine wesentliche Quelle für Nährstoffe durch Photosynthese. Wenn die Algen absterben oder ausgestoßen werden, verbleicht das Korallengewebe und wird fast durchsichtig.

Die Hauptursache für Korallenbleiche ist der anhaltende Anstieg der Meerestemperaturen, der hauptsächlich durch den anthropogenen Klimawandel verursacht wird. Steigende Temperaturen führen zu einer Destabilisierung der symbiotischen Beziehung zwischen Korallen und Zooxanthellen. Andere Stressfaktoren umfassen Meeresverschmutzung, übermäßige Sonneneinstrahlung, veränderte Salinität, Pestizide und physische Beschädigung durch menschliche Aktivitäten wie Küstenentwicklung und unsachgemäßes Fischen.

Der Verlust der Zooxanthellen beeinträchtigt die Fähigkeit der Korallen, zu wachsen und sich fortzupflanzen, was zu einem Rückgang der Korallenpopulationen führt. Dies hat weitreichende Folgen für die Meeresbiodiversität, da Korallenriffe Lebensraum für eine Vielzahl von Meereslebewesen bieten. Korallenbleiche ist ein Zeichen dafür, dass das marine Ökosystem unter Stress steht und Maßnahmen zum Schutz der Meeresumwelt und zur Minderung des Klimawandels dringend erforderlich sind.

Trotz eingeleiteter Schutzmaßnahmen stellt sich für Y. Hovest die Situation bei seinen Tauchgängen besorgniserregend dar: „Eines fällt mir jetzt sehr schnell auf: Durch den strengen Naturschutz konnte sich einiges an Leben hier halten, doch die Vielfalt, die man normalerweise erwarten würde, ist nicht mehr vorhanden." (10)

Hovest York: https://youtu.be/W4dVlNYmJMg

Auf der roten Liste
Vom Aussterben bedroht
wegen Überfischung und Beifang
Blauwal

(Esther Gonstalla, das Ozean Buch, S. 32 ff)

Ich weiß wirklich nicht, warum wir uns alle
so mit dem Meer verbunden fühlen –
ich denke, es hängt damit zusammen, dass
das Meer und das Licht und die Schiffe
sich ständig verändern, und auch damit,
dass wir alle aus dem Meer kamen.

Es ist ein interessanter biologischer
Umstand, dass wir alle in unseren Adern
die exakt gleiche Menge an Salzgehalt
haben wie das Meerwasser
und damit auch Salz in unserem Blut,
unserem Schweiß, unseren Tränen.

Wir sind mit dem Meer verbunden.

Wenn wir zu ihm zurückgehen,
sei es zum Segeln oder zum Beobachten,
dann gehen wir dorthin, wo wir
einst herkamen.

John F. Kennedy, Präsident der USA,
in einer Ansprache des America's Cup Dinner
in Newport, Rhode Island, am 14. September 1962

Die Ozeane

Die Weltmeere

Die Weltmeere beeinflussen entscheidend das menschliche Leben auf vielfältige Weise, und ihre Bedeutung darf nicht unterschätzt werden. Ein zentraler Aspekt ist ihre Funktion als wichtige Nahrungsquelle. Fische und Meeresfrüchte liefern einen bedeutenden Anteil an der globalen Proteinversorgung und sind für viele Menschen auf der Welt eine wesentliche Quelle für ihre Ernährung. Die Fischereiindustrie, die eng mit den Meeren verbunden ist, bietet zudem Arbeitsplätze und Einkommen für Millionen von Menschen weltweit.

Unsere Ozeane regulieren das globale Klima. Sie nehmen große Mengen an Kohlendioxid (CO_2) auf und tragen so zur Regulierung des globalen Kohlenstoffkreislaufs bei. Diese Fähigkeit, CO_2 zu absorbieren, ist von großer Bedeutung, um den Treibhauseffekt und die damit verbundene Erderwärmung zu mildern. Zudem wirken die Ozeane als Wärmespeicher, indem sie große Mengen an Wärme aufnehmen und dadurch das Klima und die Temperaturen auf der Erde beeinflussen.

Ein weiterer bedeutender Aspekt ist die Sauerstoffproduktion der Ozeane. Algen und andere pflanzliche Organismen, die im Meer leben, produzieren durch Fotosynthese einen Großteil des Sauerstoffs, den wir atmen. Tatsächlich stammt etwa die Hälfte des weltweit produzierten Sauerstoffs aus den Ozeanen. Ohne diese Sauerstoffproduktion wären wir nicht in der Lage, auf der Erde zu überleben.

Unsere Weltmeere wirken sich immens auf die Biodiversität und den Erhalt der Ökosysteme aus.

Die marinen Lebensräume beherbergen eine unglaubliche Vielfalt an Tier- und Pflanzenarten, von winzigen Planktonorganismen bis hin zu majestätischen Walen.

Korallenriffe, Seegraswiesen und Mangrovenwälder sind nur einige Beispiele für die vielfältigen marinen Ökosysteme, die wichtige Lebensräume und Nahrungsquellen für zahlreiche Arten bieten. Der Schutz dieser Ökosysteme ist entscheidend für die Aufrechterhaltung der biologischen Vielfalt und das langfristige Gleichgewicht der Ökosysteme.

Der nachhaltige Schutz ist von größter Bedeutung. Leider sind die Meere einer Vielzahl von Bedrohungen ausgesetzt, darunter Überfischung, Verschmutzung durch Plastikmüll, Ölverschmutzungen, die Auswirkungen des Klimawandels und die Zerstörung von marinen Lebensräumen. Diese Bedrohungen gefährden nicht nur die Gesundheit der Ozeane und ihrer Bewohner, sondern haben auch weitreichende Auswirkungen auf das menschliche Leben.

Schützen wir die Meere, können wir sicherstellen, dass ihre lebenswichtigen Funktionen wie die Nahrungsmittelversorgung, die Klimaregulierung und die Erhaltung der biologischen Vielfalt bestehen bleiben. Dies erfordert Maßnahmen wie die nachhaltige Fischerei, die Reduzierung von Plastikmüll, den Schutz und die Wiederherstellung von Lebensräumen sowie den Kampf gegen den Klimawandel. Nur durch den Schutz der Ozeane können wir das langfristige Wohlergehen der Menschheit und die Zukunft unseres Planeten sichern.

Meerestiere als Schlüsselrolle im Ökosystem der Ozeane

Nahrungsketten und -netze: Meerestiere, angefangen von winzigen Planktonorganismen bis hin zu großen Raubtieren, sind Teil komplexer Nahrungsketten und -netze. Sie dienen als Beute für andere Arten und kontrollieren populationsabhängig die Dichte und Verteilung von Organismen in den Ozeanen. Der Verlust oder Rückgang bestimmter Meerestierarten kann das Gleichgewicht im gesamten Ökosystem stören.

Regulation von Bestandszahlen: Prädatoren, wie Haie und Wale, spielen eine wichtige Rolle bei der Regulierung der Bestände anderer Arten. Indem sie die Populationen bestimmter Beutetiere kontrollieren, beeinflussen sie die ökologische Dynamik und fördern die Artenvielfalt.

Nährstoffkreislauf: Meerestiere, einschließlich Fische, Meeressäuger und Meeresvögel, nehmen Nährstoffe aus dem Ozean auf und tragen zur Verteilung dieser Nährstoffe bei, wenn sie Kot ausscheiden oder sterben. Diese Nährstoffe werden von anderen Organismen im Ökosystem aufgenommen und beeinflussen damit die Produktivität der Meeresökosysteme.

Unterwasserstrukturen: Bestimmte Meerestiere, wie Korallen und Muscheln, bilden Strukturen, die als Lebensraum für eine Vielzahl von Meeresorganismen dienen. Korallenriffe sind zum Beispiel eines der arten reichsten Ökosysteme der Welt und bieten Schutz, Nahrung und Fortpflanzungsmöglichkeiten für unzählige Arten.

Kohlenstoffbindung: Meerestiere, insbesondere Meerespflanzen wie Algen und Seegras, spielen eine wichtige Rolle bei der Kohlenstoffbindung. Sie nehmen Kohlendioxid (CO_2) aus der Atmosphäre auf und speichern es in ihrer Biomasse oder im Meeresboden, wodurch sie dazu beitragen, den globalen Kohlenstoffkreislauf zu regulieren und den Klimawandel zu mildern.

Der Schutz der Meerestiere und ihrer Lebensräume ist entscheidend, um die Integrität und Stabilität der marinen Ökosysteme zu erhalten. Der Verlust von Artenvielfalt und der Rückgang von Meerestierpopulationen können weitreichende Auswirkungen auf die Funktionsweise der Ozeane haben, einschließlich der Nahrungsmittelversorgung, des Klimas und der wirtschaftlichen Aktivitäten, die von den Ozeanen abhängig sind.

Schutz der Biodiversität: Meere und Küsten beherbergen eine Vielzahl von marinen Arten und Ökosystemen. Ein umweltschonender Tourismus zielt darauf ab, diese Artenvielfalt zu bewahren und negative Auswirkungen auf die Tier- und Pflanzenwelt zu minimieren. Durch den Schutz der Biodiversität können wir sicherstellen, dass fragile Ökosysteme intakt bleiben und die dort lebenden Arten überleben und gedeihen können.

Fokussierte Hilfe ist effektiver als allgemeine Unterstützung für alle

Ohne Zweifel ist es eine Herausforderung, allen Menschen auf einmal zu helfen oder alle Probleme gleichzeitig anzugehen. Es gibt gute Gründe, warum es sinnvoll ist, sich auf eine bestimmte Aktion oder ein spezifisches Problem zu konzentrieren.

Ein wichtiger Aspekt ist die Effektivität. Durch die Konzentration auf eine bestimmte Aktion oder ein spezifisches Problem können begrenzte Ressourcen, Zeit und Energie effektiver eingesetzt werden. Fokussiert und spezialisiert man sich, kann man spezifische Ziele erreichen und konkrete Veränderungen bewirken.

Ein weiterer Vorteil der Fokussierung liegt in der Möglichkeit, Expertise und Wissen aufzubauen. Wenn man sich intensiv mit einem bestimmten Thema auseinandersetzt, kann man ein fundiertes Verständnis für die Ursachen und Auswirkungen des Problems entwickeln. Dies ermöglicht es, gezielte und wirkungsvolle Lösungsansätze zu entwickeln.

Die Konzentration auf eine Aktion oder ein bestimmtes Problem erleichtert auch die Mobilisierung von Unterstützung. Menschen sind eher bereit, sich einer Initiative anzuschließen oder eine Aktion zu unterstützen, wenn das Ziel klar definiert und fokussiert ist. Die Zusammenarbeit mit anderen wird erleichtert und die Chancen auf Erfolg werden erhöht.

Darüber hinaus bietet die Fokussierung auf eine bestimmte Aktion oder ein Problem die Möglichkeit, eine größere Sichtbarkeit und Öffentlichkeitswirksamkeit zu erlangen. Wenn man sich auf ein spezifisches Thema konzentriert, kann man Aufmerksamkeit erregen und das Bewusstsein in der Öffentlichkeit erhöhen. Dies wiederum erleichtert die Verbreitung der Botschaft und die Mobilisierung von weiterer Unterstützung.

Ein anderer positiver Effekt der Fokussierung liegt im sogenannten „Multiplikatoreffekt". Wenn man erfolgreich eine bestimmte Aktion durchführt und Veränderungen bewirkt, kann dies andere Menschen inspirieren und motivieren, ähnliche Aktionen zu starten oder sich für ähnliche Probleme einzusetzen. Auf diese Weise kann man zu einer größeren Bewegung beitragen, die Veränderungen auf breiterer Ebene herbeiführt.

Selbstverständlich ist es notwendig zu erkennen, dass viele Probleme und Herausforderungen miteinander verknüpft sind und sich gegenseitig beeinflussen. Eine umfassende Herangehensweise ist langfristig erforderlich, um nachhaltige Veränderungen zu erreichen. Deshalb ist es sinnvoll, sich auf eine bestimmte Aktion zu konzentrieren, um konkrete und greifbare Veränderungen zu bewirken, die als Ausgangspunkt für weitere Bemühungen dienen.

Auf der roten Liste
Vom Aussterben bedroht
wegen Überfischung und Beifang
Großer Hammerhai

(Esther Gonstalla, das Ozean Buch, S. 32 ff)

Gedanken von Paul Watson

Wir sind der Ozean

Wasser ist die Grundvoraussetzung allen Lebens auf der Erde. Jede bekannte Lebensform benötigt es, um zu überleben. Es ist ein universelles Lösungsmittel, welches essenzielle Chemikalien, Nährstoffe und Mineralien transportiert, biologische Prozesse ermöglicht und als Wärmeregulator dient. Zellen, die Bausteine des Lebens, sind auf Wasser angewiesen, um ihre Struktur zu erhalten und Funktionen zu erfüllen. Ökosysteme variieren von üppigen Regenwäldern bis zu trockenen Wüsten, aber Wasser ist immer ein kritischer, lebenserhaltender Faktor. Der menschliche Körper besteht je nach Alter zwischen 60% bis 90% aus Wasser, was die Bedeutung für Gesundheit und Wohlbefinden unterstreicht. Ohne Wasser wäre Leben, wie wir es kennen, nicht möglich.
Paul Watson fasst es eindrucksvoll mit den Worten zusammen: „Wasser ist Leben, und Leben ist Wasser.“ (11)

Paul Watson:
https://youtu.be/e42sEVwyz0E

BLUE OCEANS

Gezielte Hilfe für Wale und Meerestiere ist notwendig und sinnvoll

Der Schutz von Walen und der gesamten Tierwelt fordert aus verschiedenen Gründen unsere ungeteilte Aufmerksamkeit. Durch eine Hilfsaktion für Wale oder den allgemeinen Schutz von Tieren können wir die Erhaltung der Artenvielfalt fördern und das ökologische Gleichgewicht in den marinen Ökosystemen bewahren. Wale spielen eine bedeutende Rolle bei der Aufrechterhaltung gesunder Ozeane, da sie das Nahrungsnetz regulieren und Kohlenstoff aufnehmen, was den Klimawandel mildert und positive Auswirkungen auf das gesamte Ökosystem hat.

Allein der fundamentale ethische Aspekt fordert und rechtfertigt den Schutz jeglicher Kreatur. Viele Menschen betrachten Tiere als Lebewesen mit eigenen Rechten und einem Anspruch auf ein würdevolles Leben. Sich für den Schutz von Walen einzusetzen, kann daher ein Ausdruck dieses ethischen Engagements sein und das Bewusstsein für den Wert und die Würde von Tieren stärken.

Hilfsaktionen für Wale tragen zur Bewusstseinsbildung bei und sensibilisieren die Menschen für Umweltprobleme und den Schutz der Natur. Indem wir über die Bedrohungen für Wale informieren und Lösungsansätze vorschlagen, können wir Menschen dazu motivieren, umweltbewusste Entscheidungen zu treffen und ihr Verhalten im Einklang mit dem Schutz der Umwelt zu ändern.

Es besteht ein enger Zusammenhang zwischen der Gesundheit von Tieren und der Gesundheit der Menschen. Durch den Schutz von Walen und anderen Tieren stabilisiert sich das Ökosystem, und dadurch wird die Übertragung von Krankheiten vermindert. Ein gesundes Ökosystem ist von grundlegender Bedeutung für das Wohlergehen aller Lebewesen, einschließlich der Menschen.

Der Schutz von Walen und Tieren allgemein soll nicht bedeuten, dass humanitäre Hilfe für Menschen vernachlässigt werden darf. Beide Bereiche sind von großer Bedeutung und müssen parallel verfolgt werden. Es geht vielmehr um eine konsequent ausgewogene Herangehensweise, die sowohl den Schutz der Umwelt als auch das Wohlergehen der Menschen berücksichtigt. Setzen wir uns für den Schutz von Walen und anderen Tieren ein, können wir eine nachhaltigere und gerechtere Zukunft für alle Lebewesen schaffen.

Auf der roten Liste
Vom Aussterben bedroht
wegen Überfischung und Beifang
Seiwal

(Esther Gonstalla, das Ozean Buch, S. 32 ff)

Esther Gonstalla

Alarm in den Weltmeeren

Haie als Spitzenprädatoren der Meere sind entscheidend für das ökologische Gleichgewicht der Ozeane. Ihr Schicksal ist zunehmend bedroht durch menschliche Aktivitäten. Die Umweltverschmutzung, insbesondere durch Plastik, kontaminiert die Meere und schadet den Haien, die ihren Lebensraum mit diesen Toxinen teilen. Zudem führt der Kontakt mit Plastik und anderen Schadstoffen zu Krankheiten und beeinträchtigt die Fortpflanzungsfähigkeit dieser Tiere.

Ein weiteres schwerwiegendes Problem ist der Beifang, bei dem Haie unabsichtlich in Fischernetzen gefangen und oft tot oder schwer verletzt wieder ins Meer zurückgeworfen werden.
Bei dem sogenannten „Shark Finning", werden den Haien bei lebendigem Leibe die Flossen abgetrennt und die verstümmelten Tiere als Lebendmüll im Meer entsorgt. Diese besonders grausame Praxis wird durch die hohe Nachfrage nach Haifischflossen, vor allem für Suppen (angeblich zur Potenzsteigerung), in einigen Kulturen angetrieben.

Die Kombination dieser Faktoren führt zu einem dramatischen Rückgang der Hai-Populationen. Internationale Abkommen und Schutzmaßnahmen, wie Handelsbeschränkungen und Fangquoten, sind zwar vorhanden, werden aber nicht ausreichend umgesetzt oder durchgesetzt. Die Erhaltung der Haie ist für die Gesundheit der marinen Ökosysteme von größter Bedeutung und erfordert dringende und koordinierte globale Anstrengungen.

Esther Gonstalla konstatiert:

„Haie sind durch 420 Millionen Jahre Evolution perfektionierte Raubfische, die eine Vielzahl von marinen Lebensräumen bewohnen. Sie spielen eine enorm wichtige Rolle als »Riffpolizei« und sind unverzichtbar für das Gleichgewicht der Ökosysteme unserer Ozeane.

Ein Viertel der über 450 bekannten Haiarten ist von einem erhöhten Aussterberisiko betroffen." (12)

Esther Gonstalla:
https://youtu.be/w4oo8_KS_U4

Das Leben ist lebenswert

Verbindungen zwischen illegalem Fischfang und Menschenhandel

Es gibt Verbindungen zwischen illegalem Fischfang und Menschenhandel. Diese Verbindungen können auf verschiedenen Ebenen bestehen:

Zwangsarbeit auf Fischereischiffen: In einigen Fällen werden Menschen, häufig aus benachteiligten Regionen, gewaltsam rekrutiert oder getäuscht und zur Arbeit auf Fischereischiffen gezwungen. Sie arbeiten unter ausbeuterischen Bedingungen, ohne angemessene Bezahlung, menschenwürdige Unterkünfte oder angemessene Arbeitszeiten. Diese Form der Zwangsarbeit wird oft als moderne Sklaverei betrachtet und ist ein schwerwiegendes Verbrechen.

Ausbeutung von Migrantenarbeitern:

Fischereiflotten, insbesondere in einigen Regionen mit niedrigeren Arbeitsstandards, beschäftigen häufig Migrantenarbeiter, die anfällig für Ausbeutung sind. Sie werden oft zu niedrigen Löhnen beschäftigt, leben in schlechten Unterkünften und sind oft übermäßiger Arbeitsbelastung ausgesetzt. Diese Arbeitskräfte können Opfer von Menschenhandel und Zwangsarbeit werden.

Illegaler Fischfang als finanzielle Quelle für kriminelle Netzwerke:

Illegaler Fischfang kann auch als Einnahmequelle für kriminelle Netzwerke dienen. Diese Netzwerke nutzen oft fragwürdige Praktiken, um Fische in Schutzgebieten zu fangen oder die Fangquoten zu umgehen. Sie können auch in Verbindung mit anderen illegalen Aktivitäten stehen, wie beispielsweise dem Schmuggel von Drogen oder Waffen.

Diese Verbindungen zwischen illegalem Fischfang und Menschenhandel sind ein ernstes Problem, das sowohl ökologische als auch soziale Auswirkungen hat.

Die internationale Gemeinschaft hat Maßnahmen beschlossen, um diesen Problemen entgegenzuwirken, doch die konkreten Umsetzungen zur Bekämpfung illegaler Fischerei und Menschenhandel und den Schutz der Arbeitnehmerrechte in der Fischereiindustrie sind bei weitem, nicht ansatzweise, ausreichend.

Durch die forcierte Zusammenarbeit von Regierungen, Nichtregierungsorganisationen und der Fischereiindustrie müssen diese Verbindungen aufgedeckt und bekämpft werden.
Zum Schutz der Umwelt und der Menschenrechte.

Auf der roten Liste
Vom Aussterben bedroht
wegen Überfischung und Beifang
Hectordelfin

(Esther Gonstalla, das Ozean Buch, S. 32 ff)

Unser wertvollstes Geschenk

Das Leben ist ein wunderbares Geschenk, das uns zuteil wurde, und von unschätzbarem Wert. Es bietet uns eine Fülle von Möglichkeiten, uns zu entfalten, Beziehungen zu knüpfen, persönlich zu wachsen und einen Sinn zu finden. Das Leben in all seinen Höhen und Tiefen ist lebenswert, und es gibt verschiedene Aspekte, die diese Aussage unterstützen.

Das Leben schenkt uns unzählige Freuden und Glücksmomente. Die Schönheit der Natur, die Freude an Kunst und Kultur, die Erfüllung durch persönliche Erfolge und Beziehungen – all dies sind Quellen des Glücks, die das Leben lebenswert machen. Die Möglichkeit, Momente des Lachens, der Liebe und des Genusses zu erleben, verleiht unserer Existenz einen unschätzbaren Wert.

Das Leben bietet uns die Gelegenheit, zu wachsen und uns weiterzuentwickeln. Jeder Tag hält die Möglichkeit bereit, Neues zu lernen, Herausforderungen zu meistern und unsere Fähigkeiten zu verbessern. Durch das Überwinden von Hindernissen und das Erreichen persönlicher Ziele empfinden wir ein Gefühl der Erfüllung und des Stolzes, was das Leben lebenswert macht. Die kontinuierliche persönliche Entwicklung und das Streben nach Verbesserung tragen dazu bei, dem Leben Bedeutung und Zweck zu verleihen.

Zwischenmenschliche Beziehungen sind von grundlegender Bedeutung für das Leben. Die Liebe, Unterstützung und Verbundenheit, die wir in Beziehungen zu anderen Menschen erfahren, bereichern unser Leben in vielerlei Hinsicht Freundschaften, Familienbande und romantische Partnerschaften vermitteln nicht nur ein Gefühl der Zugehörigkeit, sondern auch emotionale Unterstützung und die Möglichkeit des gemeinsamen Wachstums. Die tiefen Verbindungen, die wir mit anderen Menschen eingehen können, verleihen unserem Leben einen unschätzbaren Wert.

Wir haben die Möglichkeit, uns für andere einzusetzen, Gutes zu bewirken und positive Veränderungen in der Welt herbeizuführen. Ob es darum geht, sich für soziale Gerechtigkeit einzusetzen, Umweltschutzmaßnahmen zu ergreifen oder anderen Menschen zu helfen – unser Handeln und unsere Entscheidungen können Wirkung haben und das Leben für uns und andere lebenswert machen.

Das Leben ist zweifellos ein kostbares Geschenk, das wir zu schätzen wissen sollten. Es bietet unendliche Möglichkeiten, uns zu entfalten und unsere Existenz mit Bedeutung zu erfüllen. Jedes einzelne Leben hat einen unschätzbaren Wert, der nicht durch politische Ausbeutung oder Manipulation beeinträchtigt werden darf.

Es liegt an uns sicherzustellen, dass jedes menschliche Leben Würde und Selbstbestimmung beinhaltet. Indem wir uns politisch nicht ausnutzen lassen, schützen wir unsere individuelle Würde und geben uns die Möglichkeit, unser Leben nach unseren eigenen Werten und Bedürfnissen zu gestalten.

Gleichheit und Gerechtigkeit sind grundlegende Prinzipien, die wir verteidigen müssen. Wenn wir uns ausnutzen lassen, ermöglichen wir Ungerechtigkeit, Ungleichheit und Machtmissbrauch. Jeder Mensch sollte die gleiche Chance haben, sein volles Potenzial auszuschöpfen und ein erfülltes Leben zu führen, ohne dass politische Interessen ihn manipulieren.

Unsere aktive Teilnahme an politischen Prozessen und unsere Ablehnung politischer Ausbeutung stärken die Demokratie. Dadurch, dass wir uns politisch nicht ausnutzen lassen, zeigen wir unsere Bereitschaft, uns für unsere Rechte und Interessen einzusetzen. Dadurch stärken wir die demokratischen Institutionen und fördern eine gerechte und inklusive Gesellschaft.

Als Gesellschaft tragen wir die Verantwortung, dass jedes einzelne Leben lebenswert ist. Jeder Mensch hat das Recht auf ein erfülltes Leben, und es ist unsere Aufgabe, dies zu fördern. Indem wir uns nicht politisch ausnutzen lassen, tragen wir dazu bei, dass politische Entscheidungen zum Wohl aller getroffen werden und niemandes Leben aufgrund politischer Machtspiele oder Ausbeutung beeinträchtigt wird.

Unser Streben nach Selbstbestimmung und persönlicher Freiheit ist essenziell. Politische Ausbeutung kann unsere Freiheit einschränken und unsere Fähigkeit zur Selbstbestimmung beeinträchtigen. Wehren wir uns dagegen und lassen uns nicht manipulieren, bewahren wir unsere Freiheit, unsere eigenen Überzeugungen zu haben, unsere Stimme zu erheben und politische Entscheidungen zu beeinflussen, die unser Leben betreffen.

Insgesamt ist das Leben ein wertvolles Geschenk, das uns mit kostbaren Erfahrungen, Freude, Wachstum, zwischenmenschlichen Beziehungen und der Möglichkeit, einen positiven Einfluss zu haben, beschenkt. Wir sollten uns bewusst sein, dass jedes einzelne Leben lebenswert ist und dass wir uns politisch nicht ausnutzen lassen dürfen. Verteidigen wir unsere Würde, Gleichheit, Gerechtigkeit, Demokratie und persönliche Freiheit, ehren wir das Leben in all seiner Schönheit und Komplexität.

Lösungsansätze

Politische Vereinnahmung

Das Erkennen politischer Vereinnahmung kann eine Herausforderung sein, da sie oft subtil und manipulativ stattfindet. Hier sind einige Lösungsansätze, die uns helfen können, politische Vereinnahmung zu erkennen:

Wir entwickeln kritisches Denken:

Wir fördern und entwickeln unsere Fähigkeit zum kritischen Denken. Wir sind nicht bereit, Informationen oder politische Botschaften blind zu akzeptieren. Wir hinterfragen Quellen, überprüfen Fakten und betrachten verschiedene Perspektiven, bevor wir unsere Meinung bilden. Wir sind skeptisch gegenüber simplen Antworten und übermäßig emotionaler Rhetorik.

Wir stärken unsere Medienkompetenz:

Bildung im Bereich der Medienkompetenz ist entscheidend, um politische Vereinnahmung zu erkennen. Wir lernen, Medienquellen zu analysieren, Fake News zu identifizieren und die Manipulation und Einseitigkeit von Medienberichten zu verstehen. Wir entwickeln ein Bewusstsein für die Verzerrungen und Interessen, die hinter bestimmten Medieninhalten stehen können.

Wir nutzen unabhängige Quellen:

Wir versuchen, Informationen von unabhängigen Quellen zu beziehen, die einen ausgewogenen und objektiven Blick auf politische Themen bieten. Wir nutzen verschiedene Quellen und Perspektiven, um ein umfassenderes Bild zu erhalten und Manipulationsversuche zu erkennen. Wir prüfen die Glaubwürdigkeit von Quellen, bevor wir Informationen akzeptieren.

Wir analysieren Hintergründe und Interessen:

Wir untersuchen die Hintergründe und Interessen derjenigen, die politische Botschaften verbreiten. Wir fragen uns, welche Motivationen hinter bestimmten Aussagen, Kampagnen oder politischen Akteuren stecken könnten. Wir identifizieren mögliche Konflikte oder Interessenkonstellationen, die ihre Unabhängigkeit oder Objektivität beeinträchtigen könnten.

Wir suchen faktenbasierte Argumentation:

Politische Vereinnahmung basiert oft auf Emotionen und Rhetorik, anstatt auf soliden Fakten. Wir suchen nach Argumenten und Diskussionen, die auf Fakten, Daten und fundierter Analyse basieren. Wir sind skeptisch gegenüber rein emotionalen oder manipulativen Appellen, die darauf abzielen, unsere Gefühle zu nutzen, anstatt eine sachliche Debatte zu führen.

Wir fördern Diskussionen und Debatten:

Wir engagieren uns in Diskussionen und Debatten mit anderen Menschen über politische Themen. Der Austausch von unterschiedlichen Meinungen und Perspektiven kann helfen, Manipulationsversuche zu erkennen und verschiedene Standpunkte zu verstehen. Wir sind offen für andere Sichtweisen und hinterfragen unsere eigenen Annahmen.

Wir tragen zur Aufklärung und Sensibilisierung bei:

Wir informieren andere Menschen über politische Vereinnahmung und die Taktiken, die dabei angewendet werden können. Wir teilen unser Wissen über Medienkompetenz, kritisches Denken und unabhängige Quellen, um Bewusstsein zu schaffen und Menschen zu ermächtigen, politische Manipulationen zu erkennen.

Indem wir diese Lösungsansätze anwenden, können wir ein kritisches Bewusstsein entwickeln und politische Vereinnahmung besser erkennen und bekämpfen.

Der Mensch ist nichts an sich.

Er ist nur eine grenzenlose Chance.

Aber er ist der grenzenlos Verantwortliche
für diese Chance.

Albert Camus

In die Selbstverantwortung kommen

Um in die Selbstverantwortung zu kommen, gibt es verschiedene Lösungsansätze, die helfen können, die Verantwortung für das eigene Leben zu übernehmen:

Reflektion und Selbstbewusstsein:

Nehmen Sie sich Zeit für Selbstreflexion und erkennen Sie Ihre eigenen Bedürfnisse, Werte, Ziele und Stärken. Seien Sie ehrlich zu sich selbst und übernehmen Sie die Verantwortung für Ihre Gedanken, Entscheidungen und Handlungen. Je besser Sie sich selbst kennen, desto besser können Sie bewusste Entscheidungen treffen und in die Selbstverantwortung kommen.

Eigeninitiative ergreifen:

Warten Sie nicht darauf, dass andere Menschen oder Umstände Ihr Leben bestimmen. Übernehmen Sie aktiv die Initiative, um Veränderungen herbeizuführen und Ihre Ziele zu verfolgen. Ergreifen Sie die Kontrolle über Ihr Leben und handeln Sie proaktiv, anstatt passiv zu reagieren.

Entscheidungsfreiheit nutzen:

Erkennen Sie, dass Sie die Freiheit haben, Ihre eigenen Entscheidungen zu treffen. Übernehmen Sie Verantwortung für die Konsequenzen Ihrer Entscheidungen und seien Sie bereit, aus ihnen zu lernen. Nutzen Sie Ihre Entscheidungsfreiheit, um bewusste und zielgerichtete Entscheidungen zu treffen, die zu Ihrem Wachstum und Wohlstand beitragen.

Selbstreflexion und persönliche Entwicklung:

Engagieren Sie sich in kontinuierlicher Selbstreflexion und persönlicher Entwicklung. Seien Sie bereit, an sich selbst zu arbeiten, um Ihre Stärken auszubauen, Ihre Schwächen zu reduzieren und persönliches Wachstum zu fördern. Nehmen Sie sich Zeit für das Lernen, die Weiterbildung, um neue Fähigkeiten zu erlangen.

Verantwortung für Ihre Gesundheit übernehmen:

Kümmern Sie sich um Ihre körperliche, emotionale und geistige Gesundheit. Achten Sie auf eine ausgewogene Ernährung, ausreichend Bewegung, ausreichend Schlaf und Stressbewältigung. Übernehmen Sie Verantwortung für Ihre Gesundheitsentscheidungen und suchen Sie bei Bedarf professionelle Unterstützung.

Ziele setzen und verfolgen:

Definieren Sie klare Ziele für sich selbst und arbeiten Sie aktiv daran, sie zu erreichen. Setzen Sie realistische Zwischenziele und entwickeln Sie einen Plan, um sie umzusetzen. Übernehmen Sie die Verantwortung dafür, dass Sie auf dem Weg zu Ihren Zielen bleiben, und seien Sie bereit, Hindernisse zu überwinden.

Verantwortung für Beziehungen übernehmen:

Übernehmen Sie Verantwortung für die Qualität Ihrer Beziehungen. Seien Sie achtsam bei der Wahl Ihrer Freunde und Partner und pflegen Sie gesunde und respektvolle Beziehungen. Kommunizieren Sie offen und ehrlich, setzen Sie Grenzen und übernehmen Sie Verantwortung für Ihre eigenen Handlungen und die Auswirkungen auf andere.

Indem Sie diese Lösungsansätze anwenden, können Sie schrittweise in die Selbstverantwortung kommen und ein aktiver Gestalter Ihres eigenen Lebens werden.

Auf der roten Liste
Vom Aussterben bedroht
wegen Überfischung und Beifang
Hectordelfin

(Esther Gonstalla, das Ozean Buch, S. 32 ff)

Engagement als Voraussetzung für Veränderungen

Die absolute Notwendigkeit eines jeden Einzelnen, um politische Veränderungen herbeizuführen und unsere Umwelt zu retten, kann nicht genug betont werden. Jeder Mensch hat die Fähigkeit und die Verantwortung, einen positiven Einfluss auf die politische Landschaft auszuüben und zur Erhaltung unserer Umwelt beizutragen. Hier sind einige Gründe, warum jeder Einzelne wichtig ist:

Kollektive Macht:

Individuen können gemeinsam eine enorme Macht entfalten. Wenn Menschen ihre Stimme erheben, zusammenarbeiten und sich für den Schutz der Umwelt einsetzen, können sie politische Entscheidungsträger beeinflussen und Veränderungen auf politischer Ebene bewirken. Jeder Einzelne bringt einzigartige Perspektiven, Erfahrungen und Fähigkeiten mit, die das kollektive Engagement stärken.

Bewusstsein schaffen:

Individuen haben die Fähigkeit, ein Bewusstsein für die Dringlichkeit der Umweltkrise zu formen. Durch Aufklärung, Informationsverbreitung und den Austausch von Wissen können Menschen das Bewusstsein in der Gesellschaft schärfen und andere dazu inspirieren, sich ebenfalls für den Umweltschutz einzusetzen. Jeder Einzelne kann eine Katalysatorrolle spielen, um ein breiteres Bewusstsein für die Bedeutung der Umweltrettung zu schaffen.

Druck auf politische Entscheidungsträger:

Wenn Menschen politisches Engagement zeigen und sich für den Umweltschutz einsetzen, setzen sie politische Entscheidungsträger unter Druck, Maßnahmen zu ergreifen.

Durch Petitionen, Proteste, Lobbyarbeit und das Ausüben demokratischer Rechte können Menschen politische Veränderungen fordern und politische Prioritäten beeinflussen. Jeder Einzelne hat die Macht, politische Entscheidungsträger zur Rechenschaft zu ziehen und Veränderungen zu erzwingen.

Vorbild sein:

Jeder Einzelne kann ein Vorbild für andere sein und zeigen, wie nachhaltige Praktiken und ein umweltbewusster Lebensstil umgesetzt werden können. Nimmt man selbst positive Veränderungen in seinem eigenen Leben vor, kann man andere inspirieren und ermutigen, ähnliche Schritte zu unternehmen. Die kollektive Wirkung vieler Einzelner, die als Vorbilder agieren, kann eine erhebliche Veränderung bewirken.

Langfristige Auswirkungen:

Politische Veränderungen und die Rettung unserer Umwelt erfordern langfristiges Engagement und Beständigkeit. Jeder Einzelne kann dazu beitragen, dass der Umweltschutz langfristig auf der politischen Agenda bleibt, indem er sich aktiv engagiert und sich nicht entmutigen lässt. Der Beitrag jedes Einzelnen ist ein wichtiger Baustein für die langfristige Nachhaltigkeit und das Erreichen unserer Umweltziele.

Insgesamt ist die Beteiligung jedes Einzelnen von entscheidender Bedeutung, um politische Veränderungen herbeizuführen und unsere Umwelt zu retten. Durch kollektives Engagement, das Schaffen von Bewusstsein, lässt sich diese schwierige Herausforderung bewältigen.

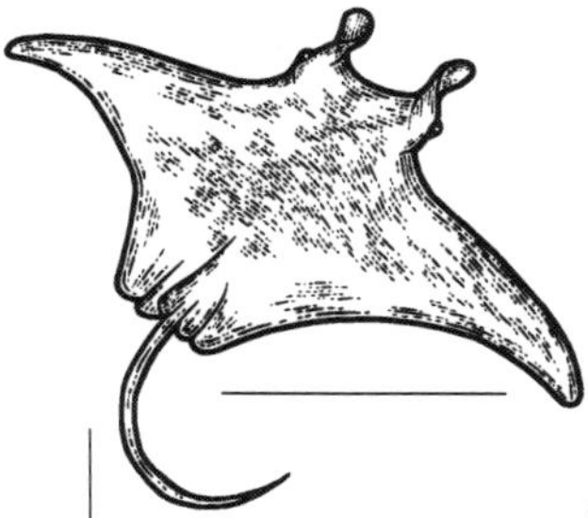

Auf der roten Liste
Vom Aussterben bedroht
wegen Überfischung und Beifang
Teufelsrochen

(Esther Gonstalla, das Ozean Buch, S. 32 ff)

Ernährung ist Eigenverantwortung

Mit unseren Ernährungsgewohnheiten in die Apokalypse

Die industrielle Viehzucht und Überfischung tragen maßgeblich zur Entstehung von Todeszonen in den Ozeanen und zur Grundwasserverschmutzung bei. Große Mengen an Gülle und Dünger von Nutztierfarmen gelangen in Flüsse und Ozeane, wo sie Algenblüten fördern. Diese Algenblüten entziehen dem Wasser Sauerstoff und führen so zu hypoxischen Bedingungen, die das Meeresleben ersticken. Überfischung stört das ökologische Gleichgewicht und verstärkt die Anfälligkeit der Ozeane für solche Todeszonen. Zudem führt die Akkumulation von Fischabfällen und -futterresten unter Aquakulturen zur Eutrophierung des Wassers und verschlechtert weiter die Wasserqualität.

Mit den Worten von Paul Watson:

„Acht Milliarden fleischessende Hominiden stehen für einen Planeten, dessen Natur komplett aus dem Gleichgewicht geraten ist. Wir essen unseren eigenen Untergang herbei." (13)

Dieses Video wird dein Leben verändern:
https://youtu.be/ws2vm43EXBk

BLUE OCEANS

Erfolgsgeschichte von Paul Watson

Paul Watson ist ein kanadischer Umweltschützer und konsequenter Aktivist. Er ist Gründer der „Captain Paul Watson Foundation" einer internationalen Umweltschutzorganisation.

Im Laufe seiner beeindruckenden Karriere hat er sich insbesondere dem Schutz der Meere verschrieben. Hier sind einige seiner signifikantesten Errungenschaften:

Eindämmung des Walfangs: Watson und seine Verbündeten sind berühmt für ihren unermüdlichen Kampf gegen den illegalen Walfang. Seit den 1970er Jahren haben sie zahlreiche Missionen gegen den Walfang durchgeführt und aktiv gegen diese Aktivität protestiert. Durch Maßnahmen wie das Sabotieren von Walfangschiffen und das Aufdecken von Verstößen konnten sie die weltweite Aufmerksamkeit auf diese Thematik lenken. Dies resultierte in der Schließung einiger Fangstationen und einer generellen Abnahme der Walfangaktivitäten.

Einsatz gegen die Robbenjagd: Watson hat sich mit seinen Mitstreitern ebenso gegen die kommerzielle Robbenjagd ausgesprochen. Sie dokumentierten die Grausamkeiten der Jagd und schafften so ein Bewusstsein für diese Thematik. Dies führte zu Handelsbeschränkungen für Produkte aus Robbenfell und verringerte die Nachfrage danach signifikant.

Schaffung mariner Schutzgebiete: Die Aktivisten haben sich unermüdlich für den Schutz mariner Gebiete und für die Einrichtung von Schutzgebieten für marine Lebensräume eingesetzt. Ihre Anstrengungen führten dazu, dass Regierungen sensible marine Ökosysteme schützten und den Lebensraum gefährdeter Arten bewahrten.

Öffentlichkeitsarbeit: Watson ist eine prominente Persönlichkeit im Bereich des Umweltschutzes.

Durch seine Medienauftritte, Interviews und Publikationen konnte er eine breite Öffentlichkeit erreichen und das Bewusstsein für Umweltprobleme schärfen. Seine Bemühungen trugen maßgeblich dazu bei, das globale Verständnis und den Wunsch nach Erhaltung der Meere zu fördern.

Durch Paul Watsons beharrlichen und unermüdlichen Einsatz, kombiniert mit seiner unerschrockenen Persönlichkeit, wurden maßgebliche Fortschritte im Bereich des Meeresschutzes erzielt. Sein Einfluss hat tiefgreifende und positive Veränderungen in der Bewahrung der Meeresumwelt bewirkt. Ohne ihn wären viele dieser Errungenschaften unvorstellbar.

Auf der roten Liste
Vom Aussterben bedroht
wegen Überfischung und Beifang
Seekuh

(Esther Gonstalla, das Ozean Buch, S. 32 ff)

Einsatz von Kapitänin Carola Rackete

In ihrem Buch Handeln statt Hoffen vermittelt die bekannte deutsche Umweltaktivistin Carola Rackete eine leidenschaftliche Botschaft für den Klimaschutz und den Schutz der Meere. Als ehemalige Kapitänin des Rettungsschiffs Sea-Watch beruht das Buch auf Racketes eigenen Erfahrungen und Erlebnissen während ihrer Zeit auf See.

Rackete berichtet von den dramatischen Rettungsaktionen, denen sie und ihr Team auf der Sea-Watch gegenüberstanden, sowie von den enormen Herausforderungen und den unmenschlichen Bedingungen, unter denen die Flüchtlinge und Migranten auf der Flucht leben müssen.

Ein zentrales Thema in Handeln statt Hoffen ist die humanitäre Krise im Mittelmeer und die ethische Verpflichtung, denjenigen in Not zu helfen. Rackete betont nachdrücklich, dass wir uns nicht auf politische Entscheidungsträger oder bloße Hoffnung verlassen können, sondern aktiv handeln müssen, um Leben zu retten. Sie beschreibt ihre Entscheidung, trotz des Verbots der italienischen Regierung in den Hafen von Lampedusa einzufahren, um die geretteten Flüchtlinge an Land zu bringen. Diese mutige Aktion machte sie zu einem Symbol des Engagements und des Widerstands gegen eine restriktive Migrationspolitik.

Neben der Flüchtlingskrise spricht Rackete auch die Bedeutung des Umweltschutzes an. Sie betont die individuelle Verantwortung eines jeden Einzelnen, seinen ökologischen Fußabdruck zu reduzieren und eine nachhaltigere Lebensweise anzunehmen. Sie ermutigt die Leser dazu, bewusste Entscheidungen zu treffen, wie beispielsweise den Verbrauch von Plastik zu reduzieren, erneuerbare Energien zu nutzen und sich für den Erhalt der Meere einzusetzen.

Handeln statt Hoffen ist eine mahnende Aufforderung an die Leser, aktiv zu werden und Veränderungen anzustoßen. Rackete fordert dazu auf, die eigene Stimme zu erheben, sich für eine gerechtere Welt einzusetzen und nicht länger passiv zu bleiben.

Das Buch unterstreicht die Wichtigkeit des individuellen Engagements und der solidarischen Gemeinschaft, um eine nachhaltige und menschenwürdige Zukunft zu gestalten. Es erinnert uns daran, dass wir alle die Kraft haben, etwas zu bewirken, und dass wir uns nicht allein auf Hoffnung verlassen sollten, sondern handeln müssen, sei es im Kampf gegen den Klimawandel oder für die Wahrung der Menschenrechte.

Rechtfertigung von Eigeninitiative und Engagement

Ja, Eigeninitiative und Engagement von Organisationen sind gerechtfertigt, wenn Politiker nicht ausreichend auf bestimmte Probleme reagieren. In einer Demokratie haben Bürgerinnen und Bürger das Recht und die Möglichkeit, sich aktiv an politischen Prozessen zu beteiligen und ihre Anliegen und Forderungen zu artikulieren. Wenn politische Entscheidungsträger nicht angemessen auf bestimmte Fragen oder Probleme reagieren, können zivilgesellschaftliche Organisationen eine wichtige Rolle spielen, um Aufmerksamkeit zu erzeugen, Druck auszuüben und Veränderungen anzustoßen.

Hier sind einige Gründe, warum Eigeninitiative und Engagement von Organisationen gerechtfertigt sind:

Ergänzung der politischen Arbeit:

Zivilgesellschaftliche Organisationen können eine wichtige Ergänzung zur politischen Arbeit sein, indem sie Expertise, Ressourcen und Kapazitäten beisteuern, um spezifische Probleme anzugehen. Sie können Forschung betreiben, Bewusstseinsbildung betreiben, Lösungsansätze entwickeln und praktische Maßnahmen umsetzen, die politische Entscheidungsträger inspirieren und beeinflussen können.

Druck auf politische Entscheidungsträger:

Durch öffentliche Kampagnen, Petitionen, Protestaktionen und andere Formen des Aktivismus können zivilgesellschaftliche Organisationen politischen Druck ausüben und die Aufmerksamkeit der Medien sowie der Öffentlichkeit auf bestimmte Themen lenken. Dies kann politische Entscheidungsträger dazu bewegen, sich stärker mit den Anliegen der Bürgerinnen und Bürger auseinanderzusetzen und entsprechende Maßnahmen zu ergreifen.

Förderung des demokratischen Diskurses:

Das Engagement von Organisationen trägt zur Vielfalt des demokratischen Diskurses bei, indem es alternative Perspektiven, Ideen und Lösungsansätze einbringt. Dies fördert eine breitere Debatte über politische Fragen und kann dazu beitragen, dass verschiedene Interessen und Standpunkte angemessen berücksichtigt werden.

Innovation und Experiment:

Zivilgesellschaftliche Organisationen haben oft die Flexibilität, innovative Ansätze zu verfolgen und neue Wege zur Lösung von Problemen zu finden. Sie können neue Ideen testen, Projekte durchführen und Erfahrungen sammeln, die zur Verbesserung von Politik und Gesellschaft beitragen können.

Selbstverständlich muss das Engagement von Organisationen im Einklang mit den Grundsätzen des Rechtsstaats und der demokratischen Prinzipien stehen. Es sollte darauf abzielen, den Dialog und die Zusammenarbeit mit politischen Entscheidungsträgern zu fördern und Lösungen im Rahmen der bestehenden politischen Strukturen zu suchen. Zivilgesellschaftliche Organisationen sollten transparent und rechenschaftspflichtig sein und ihre Ziele im Interesse der Gesellschaft verfolgen.

Herausforderungen

Bewusstseinsbildung ist Bedingung zur Lösung von Problemen

Bewusstseinsbildung ist die absolut notwendige Voraussetzung bei der Lösung von Problemen, da sie das Verständnis, die Empathie und das Engagement der Menschen fördert. Hier sind einige Gründe, warum Bewusstseinsbildung eine wichtige Bedingung für die Lösung von Problemen ist:

Informierte Entscheidungsfindung:

Bewusstseinsbildung ermöglicht es den Menschen, Informationen über bestimmte Probleme zu erhalten und ein fundiertes Verständnis der Ursachen, Auswirkungen und möglichen Lösungen zu entwickeln. Dies befähigt sie, informierte Entscheidungen zu treffen und aktiv an der Lösung von Problemen mitzuwirken.

Sensibilisierung für soziale und ökologische Fragen:

Durch Bewusstseinsbildung werden Menschen auf soziale, ökologische und politische Fragen aufmerksam gemacht, die sonst möglicherweise übersehen oder ignoriert werden. Sie werden sensibilisiert für die Auswirkungen ihres eigenen Handelns und für die Notwendigkeit, Wandel herbeizuführen, um positive Veränderungen in der Gesellschaft zu bewirken.

Förderung von Empathie und Solidarität:

Bewusstseinsbildung schafft Empathie und Verständnis für die Erfahrungen und Bedürfnisse anderer Menschen, Gemeinschaften und der Umwelt. Dies führt zu einem Gefühl der Solidarität und des gemeinsamen Verantwortungsbewusstseins, das die Grundlage für kollektive Maßnahmen zur Lösung von Problemen bildet.

Mobilisierung und Engagement:

Bewusstseinsbildung motiviert Menschen dazu, aktiv zu werden und sich für Veränderungen einzusetzen. Sie ermutigt sie, sich an Protesten, Kampagnen, politischen Prozessen, ehrenamtlicher Arbeit oder anderen Formen des Engagements zu beteiligen. Dies führt zu einer stärkeren Beteiligung der Zivilgesellschaft und einem größeren Druck auf politische Entscheidungsträger, Probleme anzugehen.

Langfristige Veränderungen:

Bewusstseinsbildung zielt darauf ab, langfristige Veränderungen herbeizuführen, indem sie das Bewusstsein und die Haltung der Menschen verändert. Wenn Menschen ein tieferes Verständnis für die Probleme und ihre Auswirkungen entwickeln, sind sie eher bereit, ihr Verhalten zu ändern, nachhaltige Lösungen zu unterstützen und sich für eine gerechtere und nachhaltigere Gesellschaft einzusetzen.

Bewusstseinsbildung ist ein kontinuierlicher Prozess, bei dem verschiedene Methoden und Kanäle verwendet werden, um Menschen zu erreichen. Dazu gehören Bildungseinrichtungen, Medien, soziale Medien, Kampagnen, öffentliche Veranstaltungen und interaktive Dialoge. Durch gezielte Bewusstseinsbildung können Menschen ermutigt werden, aktiv zur Lösung von Problemen beizutragen und eine positive Veränderung in der Welt herbeizuführen.

Persönliche Bewusstseinsbildung

Bewusstseinsbildung ist eine grundlegende Voraussetzung, um Schwierigkeiten und Hindernisse zu erkennen und angemessen darauf reagieren zu können. Hier sind einige Gründe, warum Bewusstseinsbildung für das Erkennen von Schwierigkeiten und Hindernissen wichtig ist:

Erkennen von Problemen:

Durch Bewusstseinsbildung werden Menschen auf verschiedene Probleme und Herausforderungen in ihrer Umwelt aufmerksam gemacht. Sie lernen, genauer hinzuschauen und Situationen zu analysieren, um potenzielle Schwierigkeiten zu erkennen, sei es in ihrem persönlichen Leben, in der Gemeinschaft oder in der Gesellschaft als Ganzes.

Analyse von Ursachen und Zusammenhängen:

Bewusstseinsbildung ermöglicht es den Menschen, die Ursachen und Zusammenhänge hinter den Schwierigkeiten zu verstehen. Sie lernen, die tieferen strukturellen, sozialen, wirtschaftlichen oder politischen Faktoren zu erkennen, die zu den Problemen beitragen. Dies hilft ihnen, die Situation besser zu analysieren und geeignete Lösungsansätze zu entwickeln.

Sensibilisierung für komplexe Zusammenhänge:

Viele Probleme und Hindernisse sind komplex und haben vielschichtige Ursachen. Bewusstseinsbildung hilft den Menschen, diese Komplexität zu erkennen und zu verstehen, dass Schwierigkeiten oft durch eine Kombination von Faktoren entstehen. Dies fördert ein umfassenderes Denken und ermöglicht es, die verschiedenen Aspekte einer Situation zu berücksichtigen.

Reflexion des eigenen Handelns:

Bewusstseinsbildung ermutigt Menschen dazu, ihr eigenes Verhalten und ihre eigenen Einstellungen zu reflektieren. Sie werden sich bewusst, wie ihr Handeln zu bestimmten Schwierigkeiten beitragen kann und inwiefern sie möglicherweise selbst Teil des Problems sind. Das begünstigt eine verantwortungsbewusste Haltung und gestattet es, das eigene Verhalten anzupassen, um Schwierigkeiten zu überwinden.

Erkennen von Chancen und Lösungsansätzen:

Bewusstseinsbildung eröffnet den Menschen neue Perspektiven und ermöglicht es ihnen, Chancen und Lösungsansätze zu bestimmen. Durch ein tieferes Verständnis der Schwierigkeiten können sie kreative Ideen und Strategien entwickeln, um Hindernisse zu überwinden und positive Veränderungen herbeizuführen.

Durch Bewusstseinsbildung können Menschen ihre Wahrnehmung schärfen, Probleme identifizieren und mögliche Lösungen erkennen. Es ermöglicht ihnen, proaktiv auf Schwierigkeiten zu reagieren und sich aktiv für Veränderungen einzusetzen. Ohne Bewusstsein bleiben Schwierigkeiten möglicherweise unbemerkt oder werden als unausweichlich angesehen. Daher ist Bewusstseinsbildung ein wesentlicher erster Schritt, um Hindernisse zu erkennen und auf dem Weg zu einer besseren Zukunft zu überwinden.

Gemeinschaft und Zusammenarbeit

Die Bedeutung von Gemeinschaft und Zusammenarbeit bei der Verwirklichung großer Ziele kann nicht genug betont werden. Hier sind einige Gründe, warum Gemeinschaft und Zusammenarbeit so wichtig sind:

Synergie und Ressourcenbündelung:

Indem Menschen zusammenarbeiten und ihre Ressourcen teilen, können sie Synergien schaffen und ihre individuellen Stärken und Fähigkeiten optimal nutzen. Gemeinschaften können verschiedene Perspektiven, Kenntnisse und Talente einbringen, um gemeinsame Ziele effektiver zu erreichen. Durch die Bündelung von Ressourcen, sei es finanzieller, materieller oder intellektueller Art, können größere Herausforderungen bewältigt und größere Fortschritte erzielt werden.

Geteilte Verantwortung und Unterstützung:

In einer starken Gemeinschaft teilen die Mitglieder die Verantwortung für die Verwirklichung großer Ziele. Jeder Einzelne fühlt sich in die gemeinsame Vision und Mission eingebunden und trägt seinen Teil dazu bei. Durch gegenseitige Unterstützung, Zusammenarbeit und Motivation können Hindernisse überwunden, Rückschläge bewältigt und Erfolge gemeinsam gefeiert werden. Die Unterstützung und Solidarität der Gemeinschaft stärken den Einzelnen und helfen ihm, schwierige Zeiten zu überstehen.

Vielfalt an Perspektiven und Ideen:

Eine Gemeinschaft bringt Menschen mit unterschiedlichen Hintergründen, Erfahrungen und Perspektiven zusammen. Dies eröffnet eine breite Palette von Ideen, Lösungsansätzen und Innovationspotenzialen.

Durch den Austausch und die Integration verschiedener Sichtweisen können kreative Lösungen gefunden werden, die einzelne Personen möglicherweise nicht allein entwickeln können.

Kollektives Handeln und politischer Einfluss:

Eine starke Gemeinschaft hat ein größeres Gewicht und kann einen stärkeren politischen Einfluss ausüben. Gemeinschaften, die sich für gemeinsame Ziele und Interessen einsetzen, können politische Entscheidungsträger beeinflussen, Lobbyarbeit betreiben und Veränderungen auf politischer Ebene herbeiführen. Kollektives Handeln kann Gemeinschaften eine lautere Stimme verleihen, wodurch sie eine größere Wirkung erzielen.

Nachhaltige Veränderungen und Erbe:

Gemeinschaften können langfristige Veränderungen bewirken und ein Erbe für zukünftige Generationen schaffen. Durch gemeinsame Anstrengungen können nachhaltige Praktiken etabliert, soziale Gerechtigkeit gefördert und positive Veränderungen in verschiedenen Bereichen wie Umweltschutz, Bildung, Gesundheitswesen und soziale Entwicklung erreicht werden.

Das Erbe einer starken Gemeinschaft ist ein Vermächtnis, das die Welt nachhaltig beeinflusst.

Die Verwirklichung großer Ziele erfordert das Engagement und die Zusammenarbeit von Menschen, die sich für eine gemeinsame Vision einsetzen. Indem wir unsere Kräfte bündeln, Unterstützung bieten, Ideen teilen und gemeinsam handeln, können wir beeindruckende Veränderungen bewirken und eine bessere Zukunft schaffen. Gemeinschaft und Zusammenarbeit sind der Schlüssel, um kollektives Potenzial freizusetzen und unsere Welt zu transformieren.

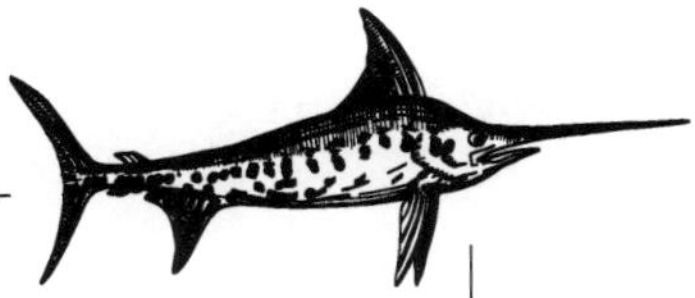

Auf der roten Liste
Vom Aussterben bedroht
wegen Überfischung und Beifang
Blauer Marlin

(Esther Gonstalla, das Ozean Buch, S. 32 ff)

Vernetzung und Austausch Gleichgesinnter

Die Bedeutung der Vernetzung und des Austauschs mit gleichgesinnten Menschen bei der Erreichung neuer Ziele kann nicht genug betont werden. Hier sind einige Gründe, warum Vernetzung und Austausch so wichtig sind:

Inspiration und Motivation:

Durch die Vernetzung mit Menschen, die ähnliche Ziele und Visionen haben, können wir uns gegenseitig inspirieren und motivieren. Der Austausch von Erfahrungen, Erfolgen und Herausforderungen schafft eine unterstützende Umgebung, die uns dazu ermutigt, unser Bestes zu geben und uns für neue Ziele einzusetzen. Gleichgesinnte können als Quelle der Inspiration dienen und uns helfen, unsere Leidenschaft und unseren Enthusiasmus aufrechtzuerhalten.

Ressourcen und Fachkenntnisse:

Die Vernetzung mit gleichgesinnten Menschen eröffnet Zugang zu einem breiten Spektrum an Ressourcen und Fachkenntnissen. Jeder Einzelne bringt seine eigenen Fähigkeiten, Kenntnisse und Kontakte ein, die uns bei der Verwirklichung neuer Ziele unterstützen können. Gemeinsam können wir Wissen teilen, von den Erfahrungen anderer lernen und von den Ressourcen profitieren, die durch die Vernetzung entstehen.

Kooperation und Zusammenarbeit:

Durch die Vernetzung mit Gleichgesinnten können wir Kooperationsmöglichkeiten entdecken und gemeinsam an neuen Zielen arbeiten. Gemeinsame Projekte, Partnerschaften und Zusammenarbeit ermöglichen es uns, unsere Kräfte zu bündeln und gemeinsame Herausforderungen anzugehen.

Durch den Austausch von Ideen und Perspektiven können wir innovative Lösungen entwickeln und effektive Strategien zur Erreichung unserer Ziele ausarbeiten.

Erweiterung des Netzwerks:

Vernetzen wir uns mit gleichgesinnten Menschen, erweitern wir unser persönliches und berufliches Netzwerk. Dies eröffnet neue Möglichkeiten für Zusammenarbeit, Mentoring, berufliches Wachstum und persönliche Entwicklung. Ein starkes Netzwerk kann Türen öffnen, neue Chancen schaffen und uns dabei unterstützen, unsere Ziele schneller zu erreichen.

Stärke in der Zahl:

Durch die Vernetzung mit gleichgesinnten Menschen gewinnen wir an Stärke und Einfluss. Gemeinsam können wir eine größere Wirkung erzielen und unsere Anliegen mit einer lauteren Stimme vertreten. Durch die gemeinsame Unterstützung können wir Hindernisse überwinden, Widerstände beseitigen und Veränderungen herbeiführen, die alleine wahrscheinlich nicht möglich wären.

Die Vernetzung und der Austausch mit gleichgesinnten Menschen sind von entscheidender Bedeutung, um neue Ziele zu erreichen. Indem wir uns gegenseitig inspirieren, unsere Ressourcen teilen, zusammenarbeiten und unsere Netzwerke erweitern, können wir gemeinsam Großes erreichen. Gemeinschaft und Zusammenarbeit sind der Schlüssel, um neue Ziele zu verwirklichen und eine positive Veränderung in der Welt herbeizuführen.

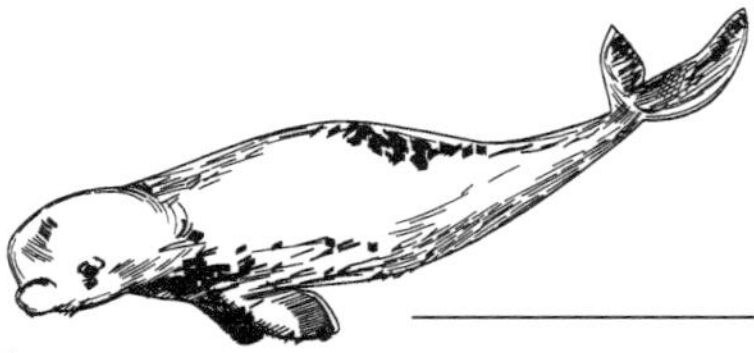

Auf der roten Liste
Vom Aussterben bedroht
wegen Überfischung und Beifang
Irawadidelfin

(Esther Gonstalla, das Ozean Buch, S. 32 ff)

Wir sind an einem Wendepunkt
der Menschheitsgeschichte:

die Ökosysteme werden zerstört,
das Klima bricht zusammen.

Schützen wir in einer solchen Welt
nicht die Rechte anderer Menschen,
gefährden wir auch unsre eigenen.

Carola Rackete,
Seenotretterin auf der Sea-Watch 3
und Naturschutzökologin

Aufruf zum Handeln

Für den Schutz der Ozeane und Wale und für den Mut, politisches Handeln auf Glaubwürdigkeit zu hinterfragen.

Es ist an der Zeit, dass wir handeln und unseren Beitrag zum Schutz unserer Ozeane und der bedrohten Wale leisten. Unsere Weltmeere sind von Umweltverschmutzung, Überfischung und Klimawandel bedroht, was sich negativ auf die vielfältige marine Tierwelt, insbesondere auf die majestätischen Wale, auswirkt.

Lassen Sie uns zusammenkommen und unseren Einfluss nutzen, um positive Veränderungen herbeizuführen. Jeder von uns kann einen Unterschied machen, egal wie klein er auch sein mag. Wir können unser Konsumverhalten überdenken, Plastik reduzieren, umweltfreundliche Alternativen wählen und uns für nachhaltige Fischereipraktiken einsetzen.

Darüber hinaus sollten wir nicht zögern, politisches Handeln kritisch zu hinterfragen und auf Glaubwürdigkeit zu prüfen. Unsere Stimmen haben Macht, und wir sollten mutig genug sein, Politiker und Entscheidungsträger zur Rechenschaft zu ziehen. Wenn wir gemeinsam auftreten und unsere Anliegen deutlich machen, können wir politische Veränderungen vorantreiben, die den Schutz der Ozeane und Wale zu einer Priorität machen.

Lassen Sie uns unsere Ressourcen, unser Wissen und unsere Leidenschaft teilen, um Bewusstsein zu schaffen und andere Menschen zu inspirieren. Organisieren wir Veranstaltungen, Workshops und Kampagnen, um die Öffentlichkeit über die Bedeutung der Ozeane und den Schutz der Wale aufzuklären. Nutzen wir die Kraft der sozialen Medien, um unsere Botschaft zu verbreiten und Menschen weltweit zu erreichen.

Wir können nicht tatenlos zusehen, wie unsere Ozeane und die faszinierende Tierwelt, die sie beherbergen, weiterhin leiden.

Es liegt an uns, das Ruder herumzureißen und gemeinsam einen nachhaltigen und verantwortungsvollen Umgang mit unserer Umwelt zu fördern.

Lassen Sie uns mutig vorangehen, unsere Stimmen erheben und aktiv handeln, um die Ozeane und die Wale zu schützen. Jeder von uns kann einen Beitrag leisten, und gemeinsam können wir bedeutende Veränderungen bewirken.

Seien wir Teil dieser Bewegung des Wandels. Nehmen wir uns die Zeit, um zu erforschen, zu lernen und Maßnahmen zu ergreifen. Lassen Sie uns gemeinsam handeln, um unseren Ozeanen und letztlich uns allen eine sichere Zukunft zu gewährleisten.

Mit vereinten Kräften schaffen wir Veränderungen!

Nachwort

Es ist an der Zeit

In Anbetracht der weltweiten politischen Herausforderungen und der dringenden Notwendigkeit, unsere Umwelt zu schützen und zu erhalten, rufe ich Sie dazu auf, Ihre persönliche Verantwortung wahrzunehmen und aktiv zur Lösung dieser Probleme beizutragen.

Die Politik hat einen enormen Einfluss auf die Gestaltung unserer Gesellschaft und Umwelt. Entscheidungen auf nationaler und internationaler Ebene können die Zukunft unserer Ökosysteme, den Klimawandel, die Artenvielfalt und die Lebensqualität zukünftiger Generationen beeinflussen. Wir können uns nicht darauf verlassen, dass die Politik diese Probleme allein löst. Jeder von uns trägt eine Verantwortung, seinen Teil dazu beizutragen.

Indem wir uns informieren, unsere Stimme erheben und uns aktiv an politischen Prozessen beteiligen, können wir die politische Agenda mitgestalten und Veränderungen vorantreiben. Dies kann durch das Schreiben von Briefen an politische Entscheidungsträger, das Unterstützen von Organisationen, die sich für Umweltschutz einsetzen, das Teilnehmen an Demonstrationen oder das Wählen von politischen Vertretern, die sich für nachhaltige Politik einsetzen, erfolgen.

Gleichzeitig sollten wir auch unsere eigenen Lebensstile und Konsumgewohnheiten kritisch hinterfragen. Jeder von uns kann seinen ökologischen Fußabdruck reduzieren, indem er Energie spart, nachhaltige Produkte wählt, Recycling betreibt und bewusster konsumiert. Kleine Veränderungen im Alltag können in Summe einen großen Beitrag zur Umweltschonung leisten.

Machen wir uns bewusst, dass wir Teil einer globalen Gemeinschaft sind und dass politische und ökologische Probleme keine nationalen Grenzen kennen. Die Herausforderungen, vor denen wir stehen, erfordern eine koordinierte globale Zusammenarbeit und Solidarität. Wir müssen uns als globale Bürgerinnen und Bürger begreifen und uns für eine gerechtere und nachhaltigere Welt einsetzen.

Dadurch, dass wir persönliche Verantwortung übernehmen und uns aktiv für politische Lösungen und den Schutz der Umwelt engagieren, können wir einen positiven Beitrag leisten. Jeder Einzelne kann einen Unterschied machen, und wenn wir uns gemeinsam für diese Ziele einsetzen, können wir eine bessere Zukunft für uns alle schaffen. Lassen Sie uns die Chance ergreifen, die Welt zu verändern, indem wir unsere Verantwortung wahrnehmen und uns für politische Lösungen und den Schutz unserer Umwelt einsetzen.

Es muss konkret werden

Ein bescheidener Anfang – aber ein mächtiges Echo einer Bewegung, die Geschichte schreiben wird

Nachdem Sie das Buch gekauft und gelesen haben, bedanke ich mich bei Ihnen.
Wie soll es konkret weitergehen?

Vorab möchte ich eines klarstellen:
Ich sehe mich keinesfalls auf Augenhöhe mit Legenden wie Che Guevara oder Mahatma Gandhi. Ein solcher Vergleich wäre überheblich und absolut unpassend. Doch wenn es eine Gemeinsamkeit gibt, die ich mit ihnen teile, dann ist es ein unerschütterliches Verlangen, eine Spur in dieser Welt zu hinterlassen - eine, die unsere Kinder stolz weitergehen können. Es ist ein Antrieb, nachfolgenden Generationen einen Planeten zu überlassen, der nicht nur überlebt, sondern gedeiht und erblüht – ein Planet, der mehr bietet als bloßes Überleben.

Die Uhr unseres Planeten tickt unaufhaltsam. Unsere Meere zeigen uns die Narben unserer Taten, und jede Sekunde führt uns näher an einen Scheideweg heran.

„Operation Blue Oceans" soll nicht bloß ein weiteres Buch in Ihrem Regal sein. Es ist das Herz einer Bewegung, der Puls einer Revolution.

Genau wie Che Guevaras Leidenschaft für Gerechtigkeit – abseits jeglicher Gewalt, die ich zutiefst ablehne – und Gandhis eisernem Wille für Frieden, können wir das Bewusstsein der Menschen prägen, ihre Herzen berühren und ihre Hände zum Handeln bewegen.

Mit jedem erworbenen Exemplar, unabhängig von Sprache, politischer Gesinnung oder Religion, senden wir ein entschlossenes Signal:

Wir werden Ungerechtigkeiten, in welcher Form auch immer, nicht weiter tolerieren.

Zusammen bilden wir eine vereinte Front gegen Hunger, Krieg und den kontinuierlichen Verfall unserer Ozeane und des Planeten – gestärkt durch friedvolle Mittel und inspiriert von großartigen Menschen, die uns vorgelebt haben, dass Veränderung möglich ist.

Ihr Beitrag? Unersetzlich!

Mit nur einem Euro leisten Sie einen unmissverständlichen Beitrag. Jede Spende an die "Captain Paul Watson Foundation" ist ein Funke der Hoffnung, der sich zu einem Tsunami des Wandels ausbreiten kann.

Geschichte wird geschrieben, und wir sind ihre Autoren.

Dies ist nicht nur ein Aufruf, sondern unsere Gelegenheit, ein neues Kapitel des Wandels zu verfassen. Lassen Sie uns gemeinsam ein Echo erzeugen, das die Welt prägt und formt. Je mehr wir werden, desto vielfältiger können unsere Aktionen gestaltet werden.

Um unerwünschte Interventionen zu verhindern, wird die Bekanntgabe unserer Pläne stets kurzfristig erfolgen.

Machen Sie mit als friedvoller, aktiver Teil einer globalen Veränderung.
Es ist an der Zeit.
Es ist unsere Pflicht.
Es ist unsere Chance!

Danksagung

Von Herzen danke ich allen, die das Buch „Operation Blue Oceans" erworben haben. Ihr Engagement sendet ein starkes Zeichen gegen die globalen Missstände in den Bereichen Menschenrechte. Darüberhinaus setzen Sie durch Ihre 1-Euro-Spende an die „Captain Paul Watson Foundation" ein aktives Zeichen für den Erhalt unseres Planeten.

Sie tragen maßgeblich dazu bei, die Welt ein Stück gerechter zu gestalten und unseren Planeten zu schützen. Für Ihr Engagement und Ihre Unterstützung – ein herzliches Dankeschön!

Ein großes Lob und Dank an Markus und das ganze Team von Look and Feel. Mit Ihrem Fleiß und Ihrer Leidenschaft für die Gestaltung und Pflege unserer Social-Media-Präsenz haben Sie das Projekt „Operation Blue Oceans" maßgeblich geprägt.

Mein Dank gilt ebenso Frau Carolin Floeren. Ihre professionellen Hinweise und ihr unermüdlicher Support haben mich stets inspiriert.Ein aufrichtiges Dankeschön an Larissa, deren präzises Lektorat ich nicht missen möchte. Auch einen besonderen Dank an Maike, deren Engagement hinter den Kulissen und ihre kompetente sowie freundliche Betreuung in jeder Phase des Buchprojekts mir unermesslich geholfen haben.

Zum Abschluss danke ich meinen Eltern

Meinem Vater:
Deine Unterstützung und Ratschläge waren entscheidend bei der Umsetzung dieses Buches.

Meiner Mutter:
Seit letztem Jahr bist du nicht mehr bei uns, doch die Erinnerung an dich wirkt weiterhin inspirierend auf mich.

Dank eures Lebensweges und der wertvollen Prinzipien, die ihr mir mitgegeben habt, träume ich von einer Welt, die ich durch dieses Buch mitgestalten möchte.

Eure Liebe und Weisheit sind die Grundpfeiler dieser Vision.

Ohne euch wäre ich nicht der Mensch, der ich heute bin. Danke für euren Glauben an mich und eure unerschütterliche Liebe.

Der Autor

Dr. Christian Barth ist ein Arzt und Autor mit einer außergewöhnlichen Geschichte und einer beeindruckenden Karriere, die sich in seiner unkonventionellen beruflichen Laufbahn widerspiegelt.

Geboren im Jahr 1958, begann Dr. Barth nach seinem Abitur eine Ausbildung bei der Handelsmarine als nautischer Offiziersassistent. Doch sein Interesse an Wissen und sein Wunsch, anderen zu helfen, führten ihn zu einem breiten Spektrum akademischer Studien.

Er absolvierte ein Studium der Physik, katholischen Theologie und Humanmedizin, was seine vielfältigen Interessen und seine unersättliche Neugier widerspiegelt.
Nach dem medizinischen Universitätsstudium erlangte er den Facharzt der HNO-Heilkunde und erweiterte sein Fachwissen durch Zusatzausbildungen in Chirotherapie und Akupunktur.

Dr. Barth sammelte wertvolle medizinische Erfahrungen während seiner Praktika im Armen-Krankenhaus Eugenio Espejo in Quito, Ecuador, sowie während seiner Aufenthalte bei indigenen Stämmen im Amazonasgebiet in Brasilien. Diese Erfahrungen ermöglichten es ihm, nicht nur medizinische Herausforderungen aus verschiedenen Blickwinkeln zu betrachten, sondern auch kulturelle Vielfalt zu schätzen und seinen Horizont zu erweitern.

Später gründete er HNO-Praxen in Marbella, Puerto Banus und Estepona in Spanien, wo er sowohl im konservativen als auch im operativen Bereich tätig war. Sein Engagement für individuelle Patientenversorgung und sein ganzheitlicher Ansatz machten ihn zu einem angesehenen Facharzt auf seinem Gebiet.

Im Jahr 2002 übernahm er eine HNO-Praxis in Neuburg an der Donau und erweiterte später sein Tätigkeitsfeld auf Ingolstadt.

Doch seine Leidenschaft für medizinische Innovationen und sein Wunsch, seinen Patienten noch besser zu helfen, führten ihn dazu, 2020 eine Privatpraxis zu eröffnen.

Diese Praxis hat sich auf Energetische Medizin und Biofeld-Intervention spezialisiert und wendet Erkenntnisse aus der Quantenmechanik und -physik sowie aktuelle wissenschaftliche Forschungsergebnisse aus aller Welt an.

Dr. Christian Barth hat eine einzigartige Herangehensweise an die Medizin entwickelt, die nicht nur die körperliche Gesundheit berücksichtigt, sondern auch ihre emotionalen und energetischen Bedürfnisse. In seiner Praxis gibt es keine Patienten, sondern Menschen, die respektvoll und unterstützend einander begegnen und gemeinsam den Weg der Gesundheit gehen.

Seine breite Ausbildung und seine vielfältigen Erfahrungen machen ihn zu einem Experten auf seinem Gebiet. Wenn Sie mehr über Dr. Barth und seine innovative Herangehensweise an die Medizin erfahren möchten, besuchen Sie seine Website www.resamed.de, wo Sie weitere Informationen finden können.

Literaturverzeichnis

(1) Chomsky, Noam (2021), Rebellion oder Untergang, Westend Verlag GmbH, Frankfurt am Main, S. 7.

(2) Watson, Paul (2022, 2. Auflage), Wenn der Ozean stirbt, sterben auch wir, Delius Klasing & Co. KG, Bielefeld, S. 8.

(3) Thunberg von, Greta (2022), Das Klima-Buch, Fischer Verlag GmbH, Frankfurt am Main, S. 309.

(4) Hessel, Stephané (2021, 33. Auflage), Empört Euch!, Berlin, Ullstein Buchverlage GmbH, S. 13.

(5) Rackete, Carola (2019, Originalausgabe), Handeln statt Hoffen, München, Droemer Verlag, S. 129.

(6) Latif, Mojib (2023), Heisszeit, Freiburg im Breisgau, Verlag Herder GmbH, S. 31 ff.

(7) Latif, Mojib (2023), Heisszeit, Freiburg im Breisgau, Verlag Herder GmbH, S. 217.

(8) Gonstalla, Esther (2021), Das Ozeanbuch, München, oekom Verlag, S. 113.

(9) Latif, Mojib (2023), Heisszeit, Freiburg im Breisgau, Verlag Herder GmbH, S. 153.

(10) Hovest, York (2019), Helden der Meere, Kempen, teNeues Media GmbH, S. 29 ff.

(11) Watson, Paul (2022, 2. Auflage), Wenn der Ozean stirbt, sterben auch wir, Delius Klasing & Co. KG, Bielefeld, S. 52.

(12) Gonstalla, Esther (2021), Das Ozeanbuch, München, oekom Verlag, S. 54.

(13) Watson, Paul (2022, 2. Auflage), Wenn der Ozean stirbt, sterben auch wir, Delius Klasing & Co. KG, Bielefeld, S. 35.

Appendix 1

Wertvolle Informationen, Anregungen und Inspiration erhielt ich aus den folgenden Quellen:

YouTube:

Meine Suchbegriffe waren und sind (alphabetisch nach Vornamen):

Carola Rackete
Esther Gonstalla
Mojib Latif
Noam Chomsky
Paul Watson
Stephané Hessel
York Hovest

Netflix:

Dokumentationen unter den Titeln:

Vor allem:

Seaspiracy

Cowspiracy

Ab hier alphabetisch:

Beobachtung bei 65 Grad Süd
Chasing Coral

Coral Reef

Das geheime Leben der Bäume

Dolphins

Mein Leben auf unserem Planeten

Mein Lehrer, der Krake

Mission Blue

Puffs Reich: Wunder des Riffs

Red Sea

Sharks

Sharks, Master of Media

Uncharted Amazon

Weitere Bücher und Personen, die ich bewundere und wertschätze:

Attenborough, David (2022, Paperback edition), A Life on Our Planet, Penguin Random House, UK.

Chatelperron, De, C./Fasciaux N. (2019), Sailing for Future, Delius Klasing & Co. KG, Bielefeld.

Earle, Sylvia A. (1995), Sea Change, A Message of the Oceans, The Random House Publishing Group, United States of America.

Strasser, Raffael/Vortisch Bernando (2021), Nutztier, Verlag Bibliothek der Provinz, Österreich.

Appendix 2

Eine kleine Auswahl weiterführender Literatur, die zur persönlichen Standortbestimmung beitragen möchte.

Böttcher, Sven (2021, 4. Auflage), Wer, wenn nicht Bill? Wir, Rubikon Verlag.

Buber, M. (2007, 7. Auflage), Das Problem des Menschen, Gütersloher Verlagshaus.

Camus, A. (2022, 29. Auflage), Der Mythos des Sisyphos, rororo Hamburg.

Desmet, M. (2023), Die Psychologie des Totalitarismus, Europa Verlag in der Europa Verlage GmbH, München.

Dow, M. (2020, 2nd Edition), Your subconscious brain can change your life, Hay House, United States.

Fischer, D.O. (2022), Die mRNA-Maschine-Protokoll einer Tragödie, Omprana UG, BoD, Norderstedt.

Frank, G. (2021, 2.Auflage), Der Staatsvirus, Achgut Media GmbH, Berlin.

Ganser, D. (2020, 16. Auflage), NATO Geheimarmeen in Europa, orell füssli Verlag, Zürich.

Harari,Y.N. (2020, 6. Auflage), 21 Lektionen für das 21. Jahrhundert, Verlag C.H. Beck oHG, München.

Hossenfelder, S. (2019, 4. Auflage), Das hässliche Universum, Fischer Verlag GmbH, Frankfurt am Main.

Höhler, G. (2020, 5. Auflage), Die Patin, orell füssli Verlag, Zürich.

Jessen Jens (2020), Der Deutsche, zu Klampen Verlag.

Klöckner, M. (2020), Zombie Journalismus, Rubikon Verlag.

Kraus, J. (2021, 3. Auflage), Der deutsche Untertan: Vom Denken entwöhnt, LMV München.

Kraus J. (2017, 5. Auflage), Wie man eine Bildungsnation an die Wand fährt, Herbig Verlag.

Lesch H./Kamphausen K. (2018 Taschenbuchausgabe), Die Menschheit schafft sich ab, Knaur Verlag.

Nehls, Dr., M. (2023), Das indoktrinierte Gehirn, Mental Enterprises Verlag, Vörstetten.

Nowak, M. (2012), Folter, Die Alltäglichkeit des Unfassbaren, K&S Wien.

Orwell, G. (2021, 49. Auflage), 1984, Ullstein Buchverlage GmbH, Berlin.

Rahmstorf, S./Schellnhuber, H.J. (2018, 8. Auflage), Der Klimawandel,
C.H. Beck-Wissen.

Remarque, E.M. (2022, 7. Auflage), Im Westen nichts Neues, Kiepenheuer & Witsch Verlag, Köln.

Schale F./Thümmler E. (2015), Den totalitären Staat denken, Nomos Verlagsgesellschaft.

Söllner, Alfons (2021), Elemente und Ursprünge totaler Herrschaft, Europäische Verlagsanstalt. Verbeek, Bernhard (1990), Die Anthropologie der Umweltzerstörung, Wissenschaftliche Buchgesellschaft.

Williams, Heathcote (1988 4. Auflage), Kontinente der Wale, Zweitausendeins Buchläden.

Logos

OPERATION BLUE OCEANS

ICH ÜBERNEHME VERANTWORTUNG

OPERATION BLUE OCEANS

ICH BIN AKTIV FÜR MEINE ZUKUNFT

Printed in Poland
by Amazon Fulfillment
Poland Sp. z o.o., Wrocław

31920330R00095